勢在必行

活用全方位
價值趨勢信號

序 捕捉轉角
一 減少犯錯

　　《勢在必行》邀請老畢替本書寫序,坦白説有點汗顏,皆因在下以買賣美股為主,EJFQ 針對的卻是港股。我對該系統的認識,十之八九來自利用它實戰操作的「搏拳實錄」作者老徐。

　　徐兄跟老畢乃同道中人,既喜歡以期權作為實踐交易觀點的工具,平日也會以輸得起的錢參與賽馬。第一次對 EJFQ 產生興趣,是在美股連升 15 個月後,於 2018 年 2 月上旬大跌那段日子。其時也,美股非但看似長升長有,標普 500 指數更出現過百交易天單日升跌不足 1%的平靜景象。港股同樣無風無浪,投資者壓根兒忘記了波動為何物,恒指於 2018 年 1 月底升穿三萬三創歷史新高。

　　波平如鏡的好日子把投資者「寵壞」了,以為這就是所謂的新常態,以沽出認沽期權(Short Put)策略收取期權金似乎穩賺不賠。按當時情況而論,此策略成功率確實高達八九成,不少人索性把一兩個月收取的期權金「年化」(annualized),先把單一交易的回報率除以持倉日數,計出日均回報後再乘以 365 日,從而得出年化回報率。假設每個

交易有效期為兩個月，一年做足 6 次，賺個四五成何難之有？美國一些 ETF 更大做槓桿，押重注 Short Volatility 策略，結局如何人盡皆知。

忘記風險往往才是最大的風險，這個時候站在羊群對立面，通常都有厚利可圖。問題是，升市莫估頂，單憑「直覺」貿貿然跟市勢對着幹，出師未捷恐怕身先死。作為交易者，野獸般敏銳的觸覺是必須的，但要不受偏見所累、減少犯錯機會、提高成功機率，要一套好的交易系統配合。

老徐當時就從期指結算前的轉倉活動中「嗅」出異象，並在 EJFQ 系統內發現恒指偏離 TrendWatch 上升通道頂的程度，跟大市整體短線市寬（3 天線高於 18 天線股份比率）並不協調，因此很有信心地得出短線市寬與恒指熊背馳、港股臨近強弩之末的結論，結果逆市 Long Put 恒指期權大獲全勝。

捕捉轉角市不能單靠 gut feeling，以新冠肺炎疫潮下美股觸底後大

逆轉為例，VIX 指數最高見過 80 以上，甚於 2008 年金融海嘯，如實時判斷「恐慌指數」無法再升，憑的就是 gut feeling。然而，若有紐交所 52 周新高減新低指數拒絕再跌為「旁證」，兩者結合在一起，便大有可能成為標普 500 指數見底的領先指標，逆市而行增添幾分勝算。港股美股，道理相通。

EJFQ 系統內有許多甚具參考價值的指標，例如反映強勢股買盤的強勢股指數、反映弱勢股沽壓的弱勢股指數，以至涉及各行各業不同板塊動力變化的指標，都能引領交易者客觀解讀市況，在危與機之間作出正確而適時的部署。好的系統要有深入淺出的說明書導航，《勢在必行》值得細味。

《信報》投資版主筆畢老林

序一 投資變得理性

　　近年香港所發生的事件，令我感觸良多，好似炒股一樣，錯判形勢就要止蝕。

　　還記得年輕時買股，因為乜都唔識，所以無所畏懼，經常聽從他人的推介 all in， 結果 all loss ！

　　等稍有年紀，才知道當中大有學問，當局者迷！投資就像霧裏看花，所以不敢妄自尊大，亂下結論，因為錯了的話可以 Total loss，而人生又有幾多個十年，可以畀我哋重頭嚟過？

　　認識杜比是由兩年前聽他講座開始的，從中獲益良多！在短短的講座中 ，他不只教識我一些投資方面的知識，還教識我們要從自己的性格特質方面作出適合自己嘅部署，令投資毫無壓力！超讚！

　　作為一個散戶，好容易被市場上混亂的資訊影響判斷。自從我用了

EJFQ 系統後，投資變得理性，壓力減少，私人時間增加！最主要的是
回報也不錯！這正是適合我的投資方式，多謝杜比！多謝 EJFQ ！

EJFQ 資深用戶 Joyce Wu

序三 | 練就 獨孤九劍

認知惰性（Cognitive inertia），又可以用因循守舊去形容。

香港多年來享盡制度和地利優勢，因股票置富的人不少，人留在美好年代，就不願向前走，漸漸間置富之道，變成守財之道。

對於已上岸的人，守財就守財。不過對於未享受過俯拾皆是發財機會的人，就沒有因循守舊的條件。

股市投資現時快速程式化（特別是期指），面前人工智能也來勢洶洶。未來想以人腦追上電腦，是妄想。

駕馭電腦的能力和作出決定的哲學，才是未來勝負關鍵。

由於科技提高市場流轉速度，「獨沽一味」追技術強勢股、等吸估值落後抑或聽細股貼士，均容易喪失機會成本。

散戶和專業投資者的優勢正正是基金沒有的靈活性。另一方面，過

往基金的主要優勢是數據。現時資訊流通趨自由，散戶和專業投資者有更便宜途徑取得資訊，有條件把上善若水（Be Water）優勢發揮得淋漓盡致。

《莊子·大宗師》有言：「夫道，有情有信，無為無形；可傳而不可受，可得而不可見。」

投資者不應再過於局限自己選股，市場每天在變，新公司、新市場、新產品，人腦未消化到，股價已先行。EJFQ 系統蘊含大數據配合程式處理的基本概念，吸收百家資訊，讓電腦快速工作，讓人腦最後決定，提升效率和回報。

「獨沽一味」的另一端是「獨孤九劍」，無招境界，千變萬化。

陳鎮強

信報高級分析員

序四 散戶不進步 難抗衡大鱷

　　廠佬與分析員職業上南轅北轍,但這個奇妙旅程,卻發生於我身上!

　　初中求學時期對生物有興趣,大學卻偏偏揀與生物無關的工程系,千禧後投身社會,於本港一間高科技企業做藍領,由一大片爛地深耕,建成一間香港絕無僅有的化工廠。

　　5年眨眼過去,眼見香港金融業花呢花綠,透過參加電台一個分析股票節目,由一個揸螺絲批的藍領,搖身一變出入記者會,每日揸筆填格仔的財經記者,之後一個意想不到的機遇,「升呢」成為財經演員。

　　筆者三代與本港金融業有不解之謎,阿爺算是本港第一代外滙交易員,原先在澳門做找換工作,第二次世界大戰後,與牛記找換及大新銀行等創辦人來港尋商機,父親亦曾在七十年代香港某間大型鑄金商工作,而我曾在財經網站工作,現職《信報》高級分析員。啱啱遇着剛剛,

三代人在不同時空下，曾先後在現址位於上環新紀元廣場，從事金融相關工作。

回望過去股市 30 年，港股經歷國企來港上市、科網股爆破、沙士、金融海嘯、歐債危機，港股與內地股市接軌實行互聯互通，每次事件有危亦有機，也鍛煉投資者心態愈來愈成熟，即係股市愈來愈難玩。

尤其近年，中國實力變強，晉身全球第二大經濟體，本港企業在港股主導地位淡出，換來內地新一代企業，令股市布局大大不同，最明顯是過往不同類型股票齊上齊落，轉至最近一兩年炒股唔炒市，例如舊經濟資源及內地基建股，似無脈搏一直處低位橫行，科技股卻升到遍地開花，出現一個史無前例的超級兩極化現象。

至於投資市場，大戶的武器亦不斷升級，從過往打電話篤手指交易，到現時電腦以至高頻交易已不算新鮮事，最新發展到運用人工智

能，估算市場情緒及行為等等，作為一個散戶無與時並進，只沉迷睇圖及技術分析等工具與大鱷抗衡，做炮灰的機會甚高，故此就有 EJFQ 的出現。

行筆至此，趁機多謝內子，雖然你經常「依依哦哦」，但未來衣食住行都依然要靠晒你，亦希望我的女兒曉晴，於人生道路上亦遇到一個奇妙旅程。

尹德政

信報高級分析員

序五 一年點樣賺一倍？

信報網站有個叫「一問三答」的環節，全是讀者真問題，去年 10 月，讀者 Kelvin 問：「本人 47 歲，想用 50 萬元去投資股票，希望一年可以賺 50 萬元，不知用哪種策略合適？」

你會給他什麼建議呢？誰不想低風險高回報，甚至一夜暴富！這其實是個有關時勢和心態的問題。1997 年、2007 年雞犬皆升大牛市，漁翁撒網炒賣細價股，基本上很快已可賺過倍，當然最終只有極少數人能抵得住最後誘惑，及時全身而退。

時移世易，過往的超級牛市好像沒有再來，能夠年賺三四成已是很不錯的成績。我們正處兩極化的世界，這邊廂擁抱科技或成功轉型的公司大放異彩，那邊廂大量股票長期低迷，偶爾興風作浪。總之，牛熊分界已沒意義，更多的是波動和雜音，黑天鵝和灰犀牛，機會陷阱並存，所以更講求揀股技巧和風險管理，更需要一個全面客觀的分析系統，幫你去蕪存菁，進退有道，省時高效，把好的習慣成為你的本能。

　　的確在網絡年代，人人都可以做明星，中庸之道總是不起眼，騙徒手法卻層出不窮，散戶容易迷失理智。信念與固執往往是一線之差，只要心態及方法用對，放低傲慢與偏見，敬畏市場同時，又明白到物極必反的定律，基本上你已擁有贏家的特質，不必受人擺布。

　　EJFQ 全方位股票分析系統就是你的導航拍檔，透過數據統計及分析，將技術面與基本面緊密結合，有效捕捉趨勢。說不定你也能盡享「勢在必行」，坐中好似碧桂園服務（06098）、中海物業（02669）、雅生活服務（03319）、平安好醫生（01833）、愛康醫療（01789）、中國聯塑（02128）等這些倍升股。

炒股最忌係善忘　　成功是一種習慣

主人與狗常緊記　　平貴與否睇ＦＡ

不似預期莫拗頸　　燈號ＲＡ判強弱

獨家指標看全局　　風險管理定輸贏

2020 年全球爆發了史無前例的公共衞生事件，壓力可想而知。《勢在必行─活用全方位價值趨勢信號》能夠順利在「香港書展 2020」期間出版，在此感謝信報出版部 Janet、李海潮、編輯吳桂生，以及總編輯郭艷明的支持，成書過程中給了不少寶貴意見；感謝隊友尹德政及陳鎮強的貢獻，感謝 EJFQ 開發團隊及 EJFQ 實戰班的忠實支持者。

祝生活富足，身體健康。

羅崇博（杜比）

信報首席分析員

目錄
CONTENTS

CHAPTER 1

改變
由現在開始

目錄
CONTENTS

CHAPTER 5

估值股價
「主人與狗」

目錄
CONTENTS

CHAPTER 6
遠離貼士
選出好股

CHAPTER 1 改變
由現在開始

> 捫心自問,炒股多年,輸多贏少,問題在哪?請不要再賴自己不夠運,其實一切可以對症下藥,如果你還想在股場幹一番功業,是時候作出改變,重新出發!

1.1/
分清雜音
與訊號

你可能學過以下公式：

股票理論價格＝股息收益／市場利率

這是股息貼現模型（Dividend Discounted Model, DDM）裏對股票內在價值（Intrinsic Value）的計算方法。當中，股息主要由每股盈利及派息比率所決定，換言之，股價理論上是由公司盈利所推動，若果盈利持續增長，較大機會支持股價向上。

不過，現實中，我們不能否認，影響股票市場價格的因素其實還包括：宏觀經濟及政策因素、政治穩定性、產業發展前景，以及各種市場操作，例如配股、沽空等行為。所以，股價是眾多訊息反映出來的結果，

至於不同時間哪一類訊息比較重要，一般投資者實在難以掌握，若果亂聽消息，更會嚴重干擾我們的判斷，影響回報，所以一定要分清什麼是雜音，什麼才是訊號。

所謂市場的雜音是指一些不正確的概念及資訊，又或者是未獲證實的消息等，例如：一連串的巧合（coincidence）形成類似早年的「秋官效應」、太多主觀的專家預測、能掀動市場情緒的券商報告、沽空機構報告等等。總之，市場消息太多，輕重難分，變成雜音。

要克服市場雜音對我們於投資過程上產生的影響，緊記三大原則：

一、勿受市場情緒影響決定

市場會把一些好／壞消息放大，專家們預計之後會如何進一步發展至更壞情況。純粹因應市場情緒及短線升跌去投資，很容易出現亢奮時追升，恐懼時追沽，漠視資產的合理價值。要避免受到市場情緒影響，最簡單直接的方法就是減少短線及槓桿太大的操作。

二、切勿隨便消化未經證實資訊

資訊發達的好處是取得資訊速度更快，成本更低；壞處是資訊會變得泛濫，尤其在社交平台普及之下，KOL 愈來愈多，要花時間分辨出其中真實及有用的部分，愈加困難。另外，即使消息未得到證實，市場反應卻可以很敏感，所以要小心消化，思考是否真的對自己產生影響。

三、認清投資目標

　　你需要認清投資目標，長線的投資看長期因素，並定期做適當檢討；切忌跟車太貼，追消息追上癮，缺乏堅實理據下亂作決定。忍，也是一種策略，等待趨勢及價值的出現。一個經得起考驗的全方位股票分析系統可以幫到你，把客觀數據分析轉化成有用訊號，尊重趨勢，不搞個人主義，絕不嘩眾取寵。一個心理質素高的投資者，往往能從市場消息中抽離，冷靜下來參考投資系統內「數據說話」的指標。

　　2020 年，市場正值多事之秋，投資者面對種種變數，包括國際油價暴瀉至史無前例的「負值」奇景、多國央行無底線「放水」救市，以及新型冠狀病毒疫情發展為全球經濟和企業盈利帶來「大蕭條」以來最大不確定性。我們正面對罕見的市場狀況，有危亦有機，誰能跨過雜音障礙，把握「信號」，就決定誰能擁抱下一個創富機會。

1.2/
港股屬
「弱式有效市場」

　　無論你是新手還是已有不少買賣經驗的投資者，有一個有關股
市的根本問題你需要弄清楚。就是股市反映的價格，是不是有效地
完全反映資訊？這決定了我們應該怎樣做，才能有機會長期取得回
報。

　　有效市場假說（Efficient Market Hypothesis, EMH），由法馬
（Eugene Fama）等人於 1970 年深化並提出的，是金融學中最重要的
7 個理念之一，其對有效市場的定義是：如果在一個證券市場中，價格
完全準確反映了所有可以獲得的訊息，那麼就稱這樣的市場為「有效」。
法馬的理論在上世紀八九十年代盛行，成為財務學的核心理論，並於
2013 年獲得諾貝爾經濟學獎。

根據這一假設，股票市場的價格是不可預測的，無論是碰運氣或是根據內幕消息，在對股票價格進行預測中付出的時間、金錢和努力都屬徒勞，任何對股票的技術分析都是無效的，無任何投資者的力量足以單獨影響股價的變動。

依據法馬對效率市場理論存在的三個基本假設：

1. 市場將立即反應新的資訊，調整至新的價位。因此，價格變化是取決於新資訊的發生，股價呈隨機走勢。
2. 新資訊的出現是呈隨機性，即好壞資訊是相伴而來的。
3. 市場上許多投資者是理性且追求最大利潤，而且每人對於股票分析是獨立的，不受相互影響。

由有效市場理論延伸發展，其後市場效率性再分為：強式效率、半強式效率及弱式效率：

強式效率（Strong Form Efficiency）：目前股票價格充分反應了所有已公開和未公開的所有情報。雖然情報未公開，但投資者能利用各種管道來獲得資訊，所以，所謂未公開的消息（內幕消息），實際上是已公開的資訊且已反映於股票價格上。此種情形下，投資者也無法因擁有某些股票內幕消息而獲取高額報酬。

半強式效率（Semi-Strong Form Efficiency）：股價已充分反應了所有公開資訊，所以，投資者無法利用情報分析結果來進行股價預測而獲取高額報酬。因此，半強式效率愈高，依賴公開的財務報表、經濟情況及政治情勢來進行基本面分析，然後再預測股票價格是徒勞無功。

弱式效率（Weak Form Efficiency）：當前股價已充分反映了過去所提供的各項情報，所以，投資者無法再運用各種方法對過去股價進行分析，再利用分析結果來預測未來股票價格，基於隨機漫步假說，未來消息是隨機而來的，意即投資者無法再利用過去資訊來獲得高額報酬。所以，弱式效率愈高，若以過去價量為基礎的技術分析來進行預測效果將會十分不準確。

不知你是否也一樣認為，現今的股市較為類似「弱式效率」，亦即是代表：

- 市場價格已充分反映出所有過去歷史的證券價格訊息。
- 投資者無法依靠對證券價格變化的歷史趨勢分析（技術分析）所發現的所謂證券價格變化規律來始終如一地獲取超額利潤。
- 並非每一位投資者對所披露的訊息都能作出全面、正確、及時和理性的解讀和判斷，他們的能力及作出有效投資決策的可能性，都不及那些掌握專門分析工具的專業投資者。
- 極少數人控制着「內幕訊息」，大部分人只能獲得公開訊息；在所

有獲得公開訊息的投資者中，又只有少數人能夠正確地全部解讀，而且能夠由此制定投資決策並把它貫徹到自己的買賣行為中，大部分投資者至少能夠解讀歷史價格訊息，但不能解讀全部公開訊息。

如果你同意股市較類似「弱式效率」，應思考以下問題：

1. 「弱式效率」市場反映資訊的速度可能存在若干時差，若投資者能快人一步，是否應該可以賺得更多？
2. 是否值得花太多時間分析公司年報，單憑這樣可以找到市場忽略的好股？
3. 技術分析真的完全無用武之地？
4. 分析員在市場上仍然有存在價值，大行報告的預測是否具參考性？

勢在
必行

活用全方位
價值趨勢信號

1.3/
「行為經濟學」
認清弱點

2017 年諾貝爾經濟學獎得主是美國經濟學泰斗、芝加哥大學教授塞勒（Richard Thaler），評審委員盛讚塞勒是「行為經濟學（Behavioral Economics）先驅」，稱其把心理學的現實假設融入了經濟學的決策分析中。

諾貝爾評審還把塞勒的行為經濟學歸納為三大方面，其一是「受限理性」（Limited Rationality），即凡人作決策時往往不會考慮所有可能選項和其長遠後果；第二是「社會偏好」（Social Preferences），即人們作決定不會只顧自己；第三是「欠缺自制力」（Lack of Self-control），即人們往往因抵受不了眼前誘惑而沒有做長遠有利自己的某些事。

以下整理了有關「行為經濟學」帶出投資者經常犯上的毛病。捫心自問，你「中」了多少個呢？

一、過度自信（over-confidence）

個人高估自己能力的傾向，可能是受到之前的獲利經驗影響，而莫名其妙地願意置身於更高風險中，傲慢（hubris）將招致報應或懲罰。他們往往高估公司績優，低估了績劣的可能性。

二、倉位思維

一旦重注買了某隻股票，思維就不客觀，對利好因素／消息就照單全收，對利淡消息就不以為然，心理學上叫「確認偏誤」（Confirmation Bias）。正確的決策流程是先有論據，再有結論；但多數人是先有結論，再找論據。

三、錨固偏見（Anchoring Bias）

以前股價曾經見過 50 元的，現在已經跌了一半，還不買？這就是錨固偏見或稱「錨定效應」（Anchoring Effect），其潛意識是把原有股價當成合理、當成參照的錨點了。過去的價格可能是現在價格的重要決定因素，通過「錨定」過去的價格來確定當前的價格。其實，一隻股票便宜與否，看估值比看近期升跌更可靠：基本面大幅超出預期時可愈升愈便宜，反之可以愈跌愈貴。

四、短期趨勢長期化

把過去的增長過度外推（Over-extrapolation）到未來，把不可持續當作可持續，是增長股陷阱和周期股陷阱的共性。

五、虧損厭惡症

厭惡虧損（Loss Aversion）表面上是人之常情，損失帶來的痛苦感遠大於收益帶給人的滿足感，不少人股票升回成本價時就賣出，虧損時就「死頂」不去止蝕，自欺欺人說一日不賣一日未算「真虧」。其實，股票的投資價值，與買入成本無關；該不該賣，也與你是否虧損無關。

六、選擇性記憶（Selective Memory）

大多數人對持有正在贏錢的股票都津津樂道，對踩過的地雷卻避而不談。對自己以為正確決定印象深刻，對自己的錯誤卻記憶模糊，選擇性記憶是人腦自我保護的措施之一，卻是投資水平提高的障礙。

七、差點就贏

有玩過夾公仔機吧！只差一點的感覺是最痛苦的。與成功擦肩而過比從未接近成功更令人難以接受，更令人想再來一次，屢敗屢戰，容易令人上癮。細心地想一下，那些垃圾股、莊家股，即日暴跌股，你只想做個短線投機、一賺即走的股民，是不是也經常讓你有「差點就贏」的經歷？

八、羊群效應（Herding Effect）

這個不用多解釋，其實能夠及時在羊群效應形成時上車是有機會獲利的，畢竟市場都是個音樂椅遊戲。不過，其他散戶若不明就裏，就只有盲目跟風炒作，當去到最一致的時候往往是最危險的時候。

九、心理賬戶（Mental Accounting）

人們喜歡在腦袋中把錢分成不同部分，包括本錢和賺來的錢，並且對這兩部分的錢體現出非常不同的風險偏好。從經濟學的角度來看，1萬元的工資、1萬元的年終花紅和1萬元的中獎彩票並沒有區別，可是普通人卻對三者做出了不同的消費決策。

十、稟賦效應（Endowment Effect）

會把自己擁有的東西「當寶」，明明是爛股票卻高估其價值，強化了放棄它的痛苦。當你擁有某樣東西時，你會覺得它很重要，害怕失去。

十一、處置效應（Disposition Effect）

即普通投資者往往傾向於過長時間地死抱正在損失的股票，而過快地賣出正在賺錢的股票，處置效應是資本市場中一種普遍存在的非理性行為。

十二、「倒後鏡」效應

投資者總是不斷總結，只可惜是從倒後鏡中總結。你以為從自己的教訓中汲取經驗嗎？卻常常以偏概全地汲取了不當的經驗。影響市場的

因素及市場風格都不斷在變，前一年正確的做法在下一年可能已不合時宜。「倒後鏡」效應往往只是一廂情願。

　　現在終於明白炒股票為何總是輸多贏少吧！要真正做到客觀分析然後作出正確決定，戒除一切壞習慣，就要立定決心作出改變。一個好的系統，就是幫你養成良好的買賣決策習慣，因為「成功是一種習慣」。

1.4/
勿長期
「逆向投資」

　　相信你曾聽過人棄我取的「相反理論」，其中都是標榜逆向投資策略（Contrarian Investment Strategy），只對估值偏低的弱勢股有興趣，不會追買他們認為高得不合理的強勢股。

　　著名的「逆向投資之父」卓曼（David Dreman）提出此投資的原則，他認為，股市經常在投資者情緒驅動下令價格脫離內在價值，那些被低估的股票價值最終會被市場發現，而被高估的股票價格則會回歸價值。因此，投資者可以運用逆向投資，克服人性弱點，追求長期投資回報。

　　於是很多散戶有樣學樣，在香港股票市場中，專買賣低市盈率（PE）、低市賬率（PB）、高股息率、大折讓的股份，但表現卻不濟，

原因有二:

一、單憑往績的市盈率或息率去篩選,最後揀的很多是細價股,結果公司翌年盈利大倒退,派息銳減,就是經常誤中這些價值陷阱(Valuation Trap)。

二、很自信地以為基於股價較每股資產淨值有大幅折讓,甚至認為公司將來很有機會被私有化,押重注長揸,豈料事與願違,不單止股價長期低迷,還在牛市時大幅落後於增長股及領袖股,最後付上沉重的機會成本(Opportunity Cost)。

此外,逆向思維者一般都擁有堅強「信念」,但堅持真的會勝利嗎?公司的經營優勢已失去,外部環境也在惡化,難道你還是看不到?

要嘗試改變逆向心態,是一件非常困難的事情,既然如此,玩逆向投資就要精叻一點,你應該關注大中型的公司,因為這些公司一年之中總有機會在一些時間內跑贏大市,尤其是大跌市,你應該考慮在波段內獲利,而不是升不願沽,跌不願理,總之就是「發夢」博長揸賺幾倍。

最後,機會始終落在相信「有智慧不如趁勢」的投資者,所以,必須想方設法找出「趨勢」。

1.5/
睇大行報告
要有態度

　　一份大行（券商）報告足可以左右個股、大藍籌，甚至是整體板塊的走勢，作為散戶，你又應該用什麼態度看待大行報告呢？

　　「大行出報告都係唱好出貨伎倆，信佢一成，雙目失明！」

　　上述看法未免太極端，作為財經媒體最前線，每天都接觸到最新的券商報告，可以比較客觀一點來講講：

- 外資大行往往會按不同情景假設作出目標預測，即基本（Base Case）、最牛（Bull Case）及最熊（Bear Case）情況，其實都很有系統地作出分析，坊間卻往往喜歡取最「吸睛」的目標價（目標

指數）來做標題吸引讀者注意。

- 大行「跌眼鏡」司空見慣，很遲才肯大幅調低上次預測（盈利及目標價）十分常見，當中只有少數肯承認對早前預測過於樂觀。

- 大行對釐定一隻股票的目標價，估值方法未必一致。

- 唱淡報告最值得看。

- 大行唱好一隻股份，常提到某利好因素仍被市場低估，未有在股價上完全反映（not fully price-in）。

- 當大行分析公司具有獨特「商業模式」（Business Model）就要好小心，一個理由怎可以解釋不合常理的高毛利率？

- 大行可以指出股份在市場上有「稀缺性價值」（Scarcity Value），所以值得享有較高溢價（Premium），甚至跟同類的內地 A 股比較，並評為「唔算貴」。

- 明明一隻股份基本面欠佳，大行卻有辦法用「風險回報」（risk-reward）吸引為由，給予很進取的 12 個月目標價，甚至認為市場現階段不着重看其公司盈利。

- 大行與上市公司關係未必具透明度，一隻二線股如果只獲得一兩間券商給予評級，那便要很小心，可能是護航，盈利預測參考性有限。

　　總之，作為散戶切忌犯上「選擇性認知」（Selective Perception），對有利你的資訊就照單全收，用來說服自己繼續持某股票，並故意過濾不願意聽到的訊息。大行發表的指數目標、股份目標價只能作參考，否則「認真便輸了」。

1.6/
劣質股評
「七宗罪」

為何散戶輸多贏少，其中一個原因是誤信坊間股評推介，所以這裏講一下劣質股評「七宗罪」，拒絕山埃貼士，以後不致死得不明不白。

一個令人信以為真的劣質股評，大概有 7 種因素或組成部分：

1. 篇幅夠長，「高手」有時分析一隻股份往往千字以上。

2. 總會提到以往最高位曾經多少，或配股價（招股價）有多高，現在股價仍低於以上重要價值多少，總之就是「低殘」。

3. 為加強說服力，先講行業前景、國策多利好，行業龍頭累積多少升幅，說明要推介的股票有「追落後」概念。

4. 對於長期低迷又疑似近期炒上的股票，都會強調股價跟每股資產淨

值（NAV）有龐大折讓，負債如何低，收入如何復甦，而總沒有對過往配股或供股集資攤薄效應作分析，當然也不會就經營利潤率、毛利率、股本回報率（ROE），盈利水份（例如公允價值變動收益、會計原則及稅務因素）詳細解讀，以避免股份醜態畢露，總之就是缺乏正規的估值分析。

5. 重複股東背景有多強勁，在內地名氣有多大，怎樣長袖善舞。

6. 對於早前股價曾經大跌未有詳加解釋，輕輕帶過。

7. 總是講到公司近年動作多多，管理層怎樣積極，前景值得期待云云。

　　一隻只宜短炒投機的異動股，被股評説成值得長線投資、真正實力有待反映的「好股」，目標價可以看到多高，簡直是「看圖作文」！作為投資者，就應該「帶眼識股評」。

1.7/
止蝕：
畢非德的教條

止蝕（Cut Loss）（又稱「止損」）是交易中唯一最難卻是必須的部分，長期看，不懂止蝕的交易是不會成功的。

股神畢非德有一句經典名言：「投資應重點牢記兩條，第一，不要虧損；第二，請記住第一條。」

說得輕鬆，執行卻困難。止蝕對大多數人來說，始終抱着「一日未沽、一日未輸」，期望賬面虧損最終都會反勝，這種不切實際的願望，比乾脆退出認輸，並承認交易失敗要容易得多。

如果你明白止蝕的重要，在你進行交易之前，你需要預先設定退出

的點位。如果市場波動觸及預設的價位，你就必須每一次毫無例外的退出，尤其是本身你就知道今次純粹是一項投機操作，在這一立場上搖擺不定最終會導致災難。

止蝕原則有很多，以下情況可作參考，當中也包括 EJFQ 系統的獨有指標及功能，現在不明白不要緊，我們在以下章節會逐一講解。

1. 買入價下跌 10% 止蝕（這是最簡單又實際的止蝕原則，因為它直達你可承受虧損的程度，輸 10% 不「肉赤」，再輸多些就開始難受！不過，這個原則不是人人做得到，因為還有很多其他因素會令你憧憬股價即將轉勢）。
2. 「勢頭能量」（Trend Strength）由強勢綠燈，轉為弱勢紅燈。
3. RA+ 輪動圖即將由「轉差」方格進入「落後」方格。
4. 大成交跌穿「成交量密集區」支持。
5. 跌穿多重底、長方形底部、頭肩頂頸線。
6. 確認利淡的倒轉「杯柄形」走勢（Inverted Cup and Handle）。
7. 日線圖的拋物線 SAR 指標出現反手造淡訊號。
8. 對於半新股，現價跌穿上市首日低位就要止蝕。
9. 對於海龜交易法（Turtle Trading）好倉的止蝕離場準則是跌穿 10 日內最低價。
10. 業績公布後以大成交跌穿重要技術支持。

1.8/
建立正確
投資決策流程

在資訊爆炸年代，報章專欄以至財經演員推介浪接浪，在炒股群組獲得所謂貼士，或在曾經贏錢的股份反覆操作，甚至在即市 50 大升幅找機會，究竟問題出在哪裏？

其實上述情況便是一般散戶的寫照，往往單靠貼士及「自我感覺良好」行事，在未認清市場情況下，往往輸多贏少，投資正如行軍打仗，動手前首先是要確認市場環境，做出合理反應及行動。

要檢測投資環境，EJFQ 用家可以透過大市指標、信報強勢弱勢股指數、市場寬度、綠紅比率、升跌股份比例、恒指經周期調整市盈率（CAPE）等工具，評估市場情況，耐心等待合適機會出現，而發現時

機已到，便可進入第二部，篩選行業及股份。

篩選行業及股份，可以利用 EJFQ 的精明選股、行業寬度及 RSI 行業統計尋找合適行業，亦可透過系統內的行業上升動力統計圖、板塊輪動圖等工具協助，觀測市場變化，從而捕捉行業契機。

之後進入個股分析階段，從基本面分析，可以利用 EJFQ 內的公司詳細資料，了解個股業務分布、營業地區分布、同業比較、盈利能力和過去 3 年財務報表；估值方面，可留意 FA+ 各項如預測市盈率或市賬率區間指數，以及個股燈號等等，亦可參考「信號」導航、市況短評。

不過，一旦發現分析的並非選擇對象，便應停一停、諗一諗，重新由個股分析步驟做起。

若果發現某股值得投資，便可真金白銀買入，然後利用 EJFQ 獨有的 Trend Strength（勢頭能量）及 Breakout Strength（突破能量）功能，監察股份表現，靜待沽出的訊號出現，賺取回報。

■投資決策流程■

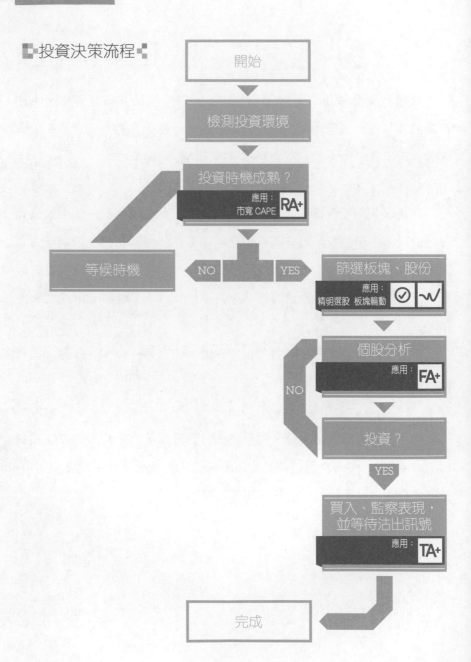

開始

檢測投資環境

投資時機成熟？
應用：
市寬 CAPE **RA+**

等候時機 ← NO | YES → 篩選板塊、股份
應用：
精明選股 板塊輪動 ⊘ ⩗

個股分析
應用：**FA+**

NO

投資？

YES

買入、監察表現，並等待沽出訊號
應用：**TA+**

完成

散戶與EJFQ投資決策分別

一般散戶	EJFQ
着眼恒指走勢及預測	更多透過觀察「市寬」及「板塊輪動」，全方位解讀市場
選股：跟股評或買賣自己熟悉/曾贏過錢的股票	選股：主要考慮股票勢頭、FA+，利用「精明選股」作快速初步篩選
有賺沽出，未賺持有	止蝕不止賺，溝上唔溝落
組合充斥弱勢股，拖累整體回報	組合以強勢股為主

勢在
必行

活用全方位
價值趨勢信號

1.9/
永遠的入門
黃金時代

　　我是陳鎮強，作為最「邊皮」的九十後，自己正面臨三字頭。危機感 3 年前已開始出現，很想改變，很想回歸初衷。這幾年多多少少有些變化，可是仍於半路上，當中最欠一環：絕對財務自由。

　　雖然新冠肺炎疫情帶來資產價格調整，環球水喉大開，震盪過後資產價格只會一飛沖天去，貧富懸殊愈拉愈闊。無論只是想一年返「鄉下」日本幾次，或者移民避走他鄉，都只會更難。再者，可能有一天你會厭倦職場偽術，想自立門戶；又可能有一天，你會有下一代。

　　九十後們，無論想怎樣都要變得更強。上善若水（Be Water）哲學深邃，大部分人聚焦靈活變通，進退有據，忽略水自高而下之狠勁。

現時中老年一輩，年輕時得到過香港起飛的機遇，很多意見認為我輩先天欠缺一個大時代機會。的確，最近一次資產大時代，已是金融海嘯後復甦谷起資產價格一輪 10 多年升勢，海嘯時最年長的九十後不過 17、18 歲，難以抓緊機會。

可是九十後們，疫情後的世界，將成我們等待多時的第一個大時代機會。1990 年至 1995 年出生者，已是 25 歲或以上，初有資本，大有準備條件入市；1996 年至 1999 年，約為 21 歲至 24 歲，可初學投資，起碼幫補學費和 Grant Loan 還款。

投資路上，周遭一定七嘴八舌，不比《城市論壇》高雅。自己從不捲入口舌之爭，原因很簡易：投資成功有錢賺，嗌贏交卻是斗零也沒有。世上總有人欺少年窮，投資不過一個「錢」字，眼光準確，到頭來多嘴硬的人也會跟你買。

善用系統既可避免前人犯過的錯誤，新時代中，甚至可找到前人未有的獨特投資機會。

CHAPTER 2   練好
基本功「市寬」

> 仲用恒指升跌睇大市?不做井底蛙,減少
> 誤判形勢,閱讀反映整個股市表現嘅「市寬」
> 係最基本的了,再配合「強勢弱勢股指數」等
> 獨家指標,自然可以做到攻守有度。

2.1/
習慣用「市寬」閱讀大市

問問專家點睇後市？「下星期影響市場的因素有 ABC，恒生指數短期會在 23000 點至 25000 點之間上落……」

是啊，這就是你經常聽到千篇一律式的港股分析。想嘗試改變一下嗎？提升你分析整體大市的能力，就好似足球賽事的「中場指揮官」，藉過人的閱讀球賽能力指揮若定，那就要從「市場寬度」（Market Breadth, 市寬）學起。

市場一般以恒生指數作為評估港股表現的重要（並非唯一）指標，但全港上市企業超過 2500 間，僅看由只有 50 隻成份股以加權平均表現組成的恒指，未能有效反映港股的整體表現。

「市寬」則透過統計整體大市、行業或個別指數成份股,在特定的量度標準下(例如股價高於某移動平均線比率、上升與下跌股份比例和強勢股與大市成交比率等)的表現,從而了解整體大市的狀態。

舉例說,整體上市企業股價高於 250 天線比率(長線市寬之一),反映整個市場內有多少個百分比的股票,目前企於 250 天線之上。

「市寬」有四大功能:

一、判斷大市走勢

例如觀察市寬是否呈一底高於一底的向上趨勢、市寬讀數是高於還是低於 50% 的中軸水平,從而輔助判定買賣策略。

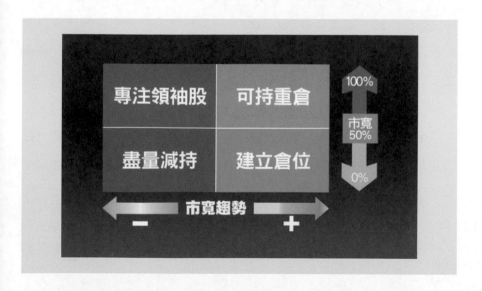

二、了解強弱分界

參考市寬圖的最新讀數是否高於 50% 強弱分界，判斷大市方向正處於升勢或跌勢，以制定策略。短線市寬的日線圖可作短期調整的參考，而中長線市寬則可反映整體港股較長遠的趨勢。

三、看超買、超賣

從整體港股表現角度看，了解大市是否已經超買或超賣。

四、看背馳

若然市寬與指數表現背馳，即會否出現指數反覆向上（向下），但市寬表現卻反覆向下（向上）的不協調情況。

EJFQ 內「市場寬度」介面分為長線、中短及短線三個類別：

長線市寬：股價高於 250 天線比率（股價處於「牛熊分界線」上股份百分比）；（2）50 天線高於 250 天線比率（股價處於長線「黃金交叉」上股份百分比）

中線市寬：股價高於 50 天線比率；10 天線高於 50 天線比率（股價處於中線「黃金交叉」上股份百分比）；14 周 RSI 高於 50 比率；14 周 RSI 超買超賣比率

短線市寬：3 天線高於 18 天線比率（股價處於短線「黃金交叉」

上股份百分比）；14 天 RSI 高於 50 比率；14 天 RSI 超買超賣比率。

平均線市寬指標較普及，RSI 市寬指標則相對罕有。相對強弱指數（RSI）是一般投資者常用的震盪指標（Oscillator indicator），從不同比率的變化，可以了解大市表現是否處於或出現超買（超賣）、背馳、與大市同步。

當 RSI 市寬進入超買水平，反映整體大市中多數股票出現超買現象，後市將有見頂回落的壓力。當 RSI 市寬進入超賣水平，反映整體大市中多數股票出現超賣現象，後市將有可能見底回升。RSI 市寬反映整體大市強弱，可比恒指更早出現轉向，背馳的訊號，預測大市未來動向【圖 1】。

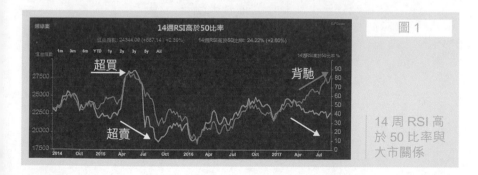

圖 1

14 周 RSI 高於 50 比率與大市關係

2.2/
從長線市寬
看「十上十落」

　　已辭世的荷蘭球王告魯夫，球員年代踢波瀟灑，贏得球迷不少掌聲，掛靴後轉做領隊更上一層樓，把荷蘭國寶級陣式「十上十落」發揮得淋漓盡致。

　　港股亦經歷過「十上十落」的年代。所謂的「十上十落」，意思是只要恒生指數上升，無論大中小型股都會造好，當恒指下跌時，大部分個股亦會跟隨下跌，即所謂「齊上齊落」。

　　以 2015 年港股大時代為例，從 EJFQ 長線市寬內的股價高於 250 天平均線看到，2014 年底恒指收報 23605 點，股價高於 250 天線比例為 46.6%，隨後港股短短 5 個月間升至 2015 年 4 月 27 日觸及高位

28588 點，爆升 4983 點（21.1%），個股高於 250 天線比例亦大幅提高至 78.8%。

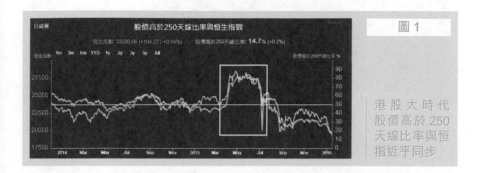

圖 1

港 股 大 時 代
股價高於 250
天線比率與恒
指近乎同步

　　隨着 2015 年 7 月上旬內地股市暴跌，恒指 2015 年底以 21914 點埋單，即全年下跌 1690 點（7%），比當年高位勁插 6674 點（23.3%），仍企在「牛熊線」上的個股比例便縮減至只得 28.4%。

　　經過「大時代」的洗禮後，港股開啟「好股愈貴、衰股愈廢」的兩極化年代，以 2017 年底升至 2018 年 1 月 26 日最高位 33154 點計，恒指累升 3234 點（10.8%），企在「牛熊線」的股份比例同期只是由 46.3%，上升 6.2 個百分點，至 52.5%【圖 2】，與最全盛時期 78.8% 相比，已明顯少了一大截。

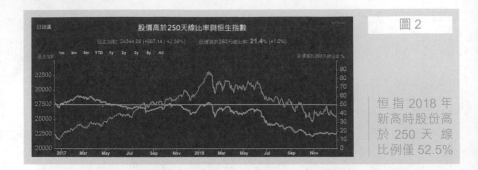

圖 2

恒指 2018 年
新高時股份高
於 250 天 線
比例僅 52.5%

　　截至 2020 年 5 月，全港有超過 2500 隻股票，要重現雞犬皆升，
齊上齊落的場面實在不易，特別是證監會於 2019 年 10 月起實施收緊
券商孖展新指引，「殼股」、細價股更加難以「發圍」。不過，世事無
絕對，投資者留意以下一些潛在因素：

1. 自 2019 下半年起，市場出現不少國企私有化的個案，特別針對資產
   折讓大、股本回報率偏低，以及交投長期疏落的公司；亦多了港資
   賣盤或進行私有化，消息刺激股價急升。

2. 殼股、毫子甚至仙股的數量在港股中佔有相當高比例，大量公司營
   運不善長期業績欠佳，侵害小投資者利益。港交所近年改革有關借
   殼上市及退市等相關監管規則，密集發出除牌要求，去蕪存菁下，
   港股投資價值有望提升。

3. 配合新經濟類兼高股本回報率的中概股回港作第二上市，未來更有
   機會晉身藍籌股，港股更具增長題材下，資金選擇的吸引對象會較
   廣。

4. 市場出現十上十落，往往與熱錢大量湧入，又或資金大量撤離市場有關，投資者揀股必須以基本面先行，「炒股不炒市」始終是王道。

2.3/
市寬背馳
打醒精神

市寬除了升跌走勢外，背馳是另一觀測點。當指數與市寬方向相反，便屬背馳情況。

短線和中線市寬對背馳較為敏感。以中線市寬（股價高於 50 天線比率）為例，2019 年 2 月底至 3 月初仍於 70% 以上阻力區附近，同期恒指於 29000 點關口下方爭持，之後中線市寬開始回落，至 5 月 3 日挫至 39.9%，跌入支持區中，期內恒指卻接連突破 29000 點和 30000 點關口，4 月份有 5 天收市高於 30000 點，呈明顯「頂背馳」（又稱「熊背馳」，Bearish Divergence）；恒指不久後急速回吐，與中線市寬重拾一致步伐【圖 1】。

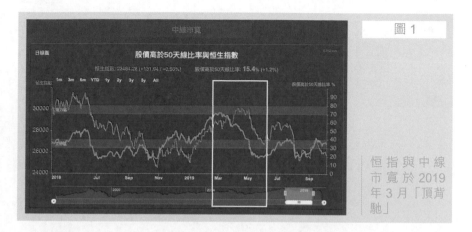

圖 1

恒指與中線市寬於 2019 年 3 月「頂背馳」

　　短線市寬（3 天線高於 18 天線比率）對市況更加敏感，比如 2020 年 1 月 3 日短線市寬於 63.5% 見頂掉頭，至 1 月 10 日跌至 50.4%，但期內恒指由 28451 點上升至 28638 點，「頂背馳」明顯，之後恒指支撐不足一周後展開跌勢，於 1 月 31 日低見 26312 點，較 1 月 10 日下挫逾 2000 點，短線市寬則跌至 21.9% 的支持區底部【圖 2】。

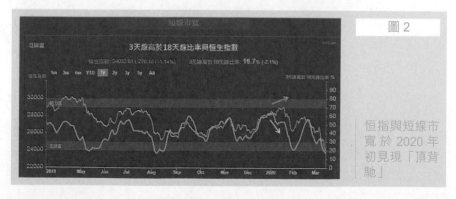

圖 2

恒指與短線市寬於 2020 年初見現「頂背馳」

　　總括而言，中線及短線市寬對市況反應較敏感，當出現背馳，每每成為反映後市走勢的訊號，較容易捕捉單邊市。

2.4/
活用RSI
超買/超賣比率

　　判斷大市中短期是否超買（overbought）或者超賣（oversold），
當然不是純看恒生指數的相對強弱指數（RSI）讀數，你可以參考統計
全部港股的 14 周 RSI 情況，對中線投資者來說，此數據更具參考價值。

　　在 EJFQ「大市指標」內「市場寬度」中的「中線市寬」，可以找
到 14 周 RSI 超買（高於 70）/ 超賣（低於 30）比率。紅色部分是 14
周 RSI 高於 70 的股份數目佔整體大市的比例，數值愈大代表整體股份
超買情況愈明顯；藍色部分是 14 周 RSI 低於 30 股份佔比，愈向下代
表整體股份超賣愈嚴重，至於橙色線是恒生指數。

　　以 2020 年 3 月 11 日為例，當時港股以至環球股市主要受到新冠

肺炎疫情擴散全球牽動，14 周 RSI 超賣比率處於 14.7%，雖然已回落不少（即數值上升），但相對 2018 年和 2019 年中因為中美貿易戰衝擊所造成的低位，分別約 26% 和 22% 仍然相距甚遠，換言之，恒指當天水平雖較中美貿易戰時為差，已屬超賣，但並未臨非常超賣的狀態，預示還有進一進探底的機會。果然，14 周 RSI 超賣比率之後進一步跌到 3 月 19 日的 35.9%，恒指同日見 21139 點，是疫情後新低【圖 1】。順帶一提，2011 年 10 月歐債危機期間，超賣比率曾跌至 62% 位置【圖 2】。

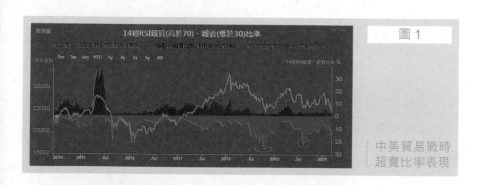

圖 1

中美貿易戰時
超賣比率表現

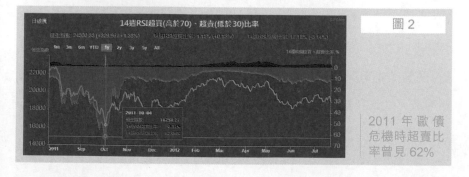

圖 2

2011 年 歐 債
危機時超賣比
率曾見 62%

2.5/
EJFQ獨家：
強弱勢股指數

強勢股／弱勢股指數為 EJFQ 獨家研發的大市監察指標，紅色線是
「強勢股指數」，反映強勢股買盤力度；藍色線「弱勢股指數」，代表
弱勢股沽盤力度。

強勢／弱勢股指數有幾種應用，第一是關鍵水平：40%。當強勢／
弱勢股指數於 40% 或以下水平徘徊，顯示未確認新一輪趨勢；而當強
勢／弱勢股指數升穿 40%，代表市況由強勢股買盤／弱勢股沽盤主導漸
趨明顯，大市有較大機會開始一輪較長和較大的升浪／跌浪。

以 2019 年 1 月 15 日為例，強勢股指數升至 40% 的關鍵水平，
隨後進一步向上，至 3 月 27 日才跌穿 40%，恒指期內累升 1898 點

（7.1%）【圖1】。

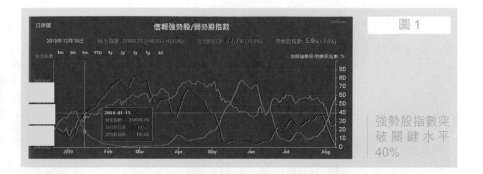

圖1

強勢股指數突
破關鍵水平
40%

　　第二應用同樣是觀察大型升浪／跌浪。當強勢／弱勢股指數出現顯
著交叉訊號，且差距一直擴大，反映後市有機會出現明顯的趨勢。以
2017年12月21日為例，強勢股指數抽穿弱勢股指數並持續拉闊差距
【圖2】，至2018年1月26日高見33154點，最大升幅為3787點
（12.9%）。

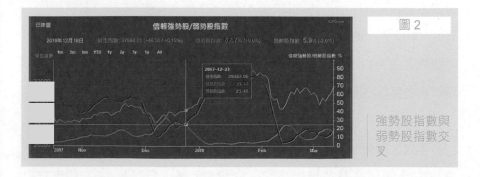

圖2

強勢股指數與
弱勢股指數交
叉

　　不過，強勢／弱勢股指數有時會於低水平徘徊，呈扭麻花狀，這代

表未有任何大浪的形態【圖 3】。以 2019 年 11 月為例，強勢股指數由 11 月 8 日的 62% 回落，弱勢股指數由 4.1% 低位抽升，至 11 月 15 日 於 25% 水平附近滙聚，但沒有出現「強弱交叉」，反而呈並行發展持 續 4 個交易日，及後強勢股指數稍為拉升，弱勢股指數亦稍為回落，持 續於 40% 以下水平徘徊，指數 11 月 15 日起亦呈橫行格局。

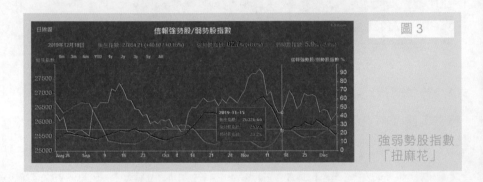

圖 3

強弱勢股指數
「扭麻花」

　　第三應用是反映大市走勢動力。先舉一個恒指升勢與期內強勢／弱 勢股指數表現的例子，恒指由 2019 年 10 月 9 日收市 25682 點起步， 升至 11 月 7 日的 27847 點，期內強勢股指數由 16.9% 升至 62%，同 時弱勢股指數由 30.4% 跌至 4.5%，反映恒指升勢同由強勢股買盤力度 增強和弱勢股沽壓減弱推動，屬典型反向形態。

　　不過，有時強勢／弱勢股指數表現未必同步呈顯著反向，比如恒指 在 2019 年 9 月 3 日收市的 25527 點起步反彈，至 9 月 13 日收市升至 27352 點，8 個交易日內飆升 1825 點（7.1%）。但期內強勢股指數僅

由 15.8% 升至 23.7%；相反，弱勢股指數由 55.4% 急挫至 9.1%，反映
這次升勢主要由弱勢股沽壓力度減弱推動，強勢股貢獻較少【圖 4】。

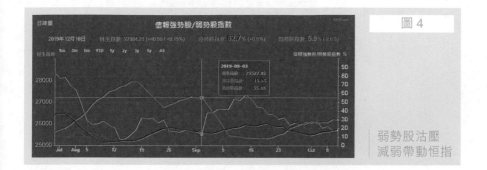

圖 4

弱勢股沽壓
減弱帶動恒指

總括而言，持續監察透過強勢／弱勢股指數，可找到恒指升浪／跌浪
的端倪，並且觀察大市是由買盤或沽壓主導，集中部署，對指數或領袖
股投資提供方向。

2.6/
強弱股指數
「交叉」啟示

變盤多在滙聚（Convergence）時。前文提到「強弱股指數交叉訊號」出現時，大市往往出現一波較明顯方向，這種交叉訊號，代表了強弱主導地位出現變化，一年出現次數不多，2017年港股「慢牛」只出現過4個交叉訊號、2015年亦只有6次，2019年則出現10次，除非全年均呈窄幅上落才會出現較多交叉訊號，故整體而言頗具參考價值，甚至可以作為買賣訊號的一個輔助指標。

以下個別列出利淡交叉和利好交叉近年表現較突出的例子作參考。「利淡交叉」策略是假如弱勢股指數向上升穿強勢股指數，建立淡倉，直至弱指跌穿強指平倉【表1】；「利好交叉」好倉操作亦同樣道理，是強勢股指數由下而上突破弱勢股指數建倉，再在強指

跌穿弱指時平倉【表 2】。

近年弱指升穿強指「利淡交叉」表現

表 1

弱勢股指數 升穿強勢股 指數	建倉 指數	弱勢股指數 跌穿強勢股 指數	平倉 指數	累賺
2020/2/25	26893	2020/4/20	24330	2563
2019/8/1	27565	2019/9/10	26683	882
2019/5/8	29003	2019/6/24	28513	490
2018/10/3	27091	2018/11/8	26227	864
2018/6/19	29468	2018/8/30	28164	1304
2015/6/12	27280	2015/10/8	22354	4926
2013/6/4	22285	2013/7/24	21968	317

其中 2015 年 6 月「港股大時代」後的利淡交叉訊號，捕捉了高達 4926 點之跌幅。

強指升穿弱指的「利好交叉」表現

表 2

弱勢股指數 升穿弱勢股 指數	建倉 指數	強勢股指數 跌穿弱勢股 指數	平倉 指數	累賺
2019/12/10	26436	2020/1/31	26312	124
2019/1/11	26667	2019/5/8	29003	2336
2017/1/10	22744	2017/12/6	28224	5480
2013/7/24	21968	2013/11/13	22463	495
2012/1/11	19151	2012/3/23	20668	1517

在此補充一下，2017 年 1 月 10 日出現「利好交叉」訊號，隨後 1 月 27 日系統發出「勢頭能量」轉強的綠燈訊號，訊號持續至 12 月 6 日才結束，期內大賺 5480 點【圖 1】！

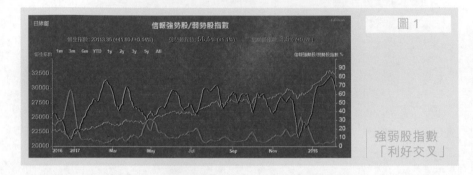

圖 1

強弱股指數
「利好交叉」

「強弱交叉」應用貼士

1‧留意交叉出現位置，若自低位明顯抽升效果更好。

2‧緊記 40% 是重要訊號，反映開始一輪較長和較大的升浪或跌浪。

3‧若見強勢/弱勢股指數升至 70% 水平，甚至接近 80% 時，反映大市已相當超買/超賣，可以考慮止賺鎖定部分利潤。

4‧配合當時恒指勢頭能量燈號，若呈弱勢紅燈/明顯處下行通道，強指升穿弱指的訊號參考性便較低，往往只是熊市中的小反彈，不及弱指升穿強指的參考性高；相反，強勢綠燈下出現「利淡交叉」，可能只是升市中的小調整。

5‧配合其他技術指標，例如拋物線 SAR 指標，以及變速率 ROC 等，若訊號同樣地配合，可以反映趨勢更加獲確認。

6. 留意當遇上大市大部分時間呈波幅上落市,例如 2018 年,交叉訊號有機會失靈,這與其他技術指標情況類似,雖然過去顯示模擬買賣的虧損點數有限,但也不建議用戶把交叉訊號當作期指、期權、窩輪、牛熊證的入市準則,以免招致較大損失。

2.7/
「強弱盤路」
尋明燈

　　為助投資者更容易解讀股市，EJFQ 系統中研發勢頭能量及突破能量「燈號」，目的是以簡單的紅燈與綠燈及能量格數，讓用家知道指數或股份的趨勢。

　　系統內監察大市的重要指標「信報強勢／弱勢股指數」在上一篇已提到其功能，這裏要強調的是，指數內所涉及的強勢／弱勢股，是基於收集較短期數據，背後的運算跟反映主要趨勢的勢頭能量轉強（綠燈）轉弱（紅燈）並不一樣，大家宜分清楚。

　　為了讓更方便解構強勢／弱勢股指數所包含的主要股票，2019年 11 月 EJFQ 系統加入了「二十大強勢股」、「二十大橫行股」及

「二十大弱勢股」，以及顯示這些有明顯勢頭的股份最近 30 個交易日的「強弱盤路」變化。這對用家更快捕捉行將轉勢個股有一定幫助。

「二十大強勢股」代表當日歸類為強勢股的首 20 大成交金額股份，「二十大弱勢股」則是歸類為走勢弱的首 20 大成交金額個股。以 2020 年 1 月 15 日為例，恒指當日下跌 111 點，但強勢股指數仍能上升 3 個百分點，報 72.2%，意思是當日強勢股成交金額總和佔大市總成交 72.2%；當日橫行股指數為 25%，弱勢股指數降至 2.8%，反映恒指雖然下跌，但整體大市仍然由強勢股主導。

至於當日強勢股最強首三位（成交金額計），分別為中芯（00981）、小米（01810）及騰訊（00700），當日排行榜中最值得留意是中國鐵塔（00788）連續 4 天歸類為強勢股【圖 1】，意味鐵塔股價已由之前橫行轉至強勢。與此同時，鐵塔在系統勢頭能量雖然仍是紅燈弱勢，但能量格數只有零格【圖 2】，在連續 4 天錄得強勢燈號下，意味鐵塔有機會向上突破，從周線股價走勢圖顯示得更清楚。

至於當日弱勢股成交首三位的股份按次序分別為石藥（01093）、百威亞太（01876）及華潤啤酒（00291），其中百威亞太股價已連續 22 天歸類入弱勢股指數【圖 3】，從日線圖看，股價正沿 10 天線向下尋底【圖 4】，明顯跌勢未完，撈低容易損手。

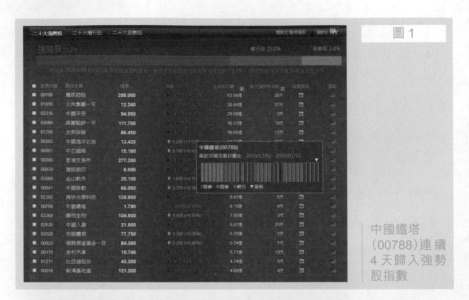

圖 1

中國鐵塔
(00788)連續
4 天歸入強勢
股指數

圖 2

鐵塔
(00788)醞釀
紅燈轉綠燈

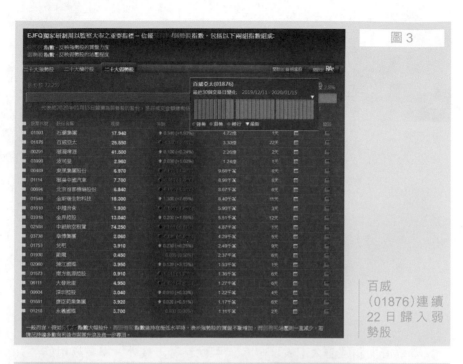

圖 3

百威
(01876)連續
22 日 歸 入 弱
勢股

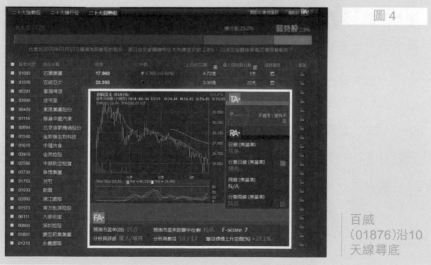

圖 4

百威
(01876)沿10
天線尋底

2.8/
細心聆聽
升跌比例韻律

　　要好好閱讀整體大市表現，除了可以參考市寬外，簡單易用的「升跌比例」也可以幫到你。EJFQ 系統提供 3 組主要升跌比例數字，包括：整體大市、恒生指數成份股、國企指數成份股的升跌比例。

　　先講計算方法，升跌比例由上升股份數目（A）或下跌股份數目（D），除以上升加下跌股份總數，再乘以 100%，留意 ETF 及股價無升跌股份不在計算範圍內。由於成份股主導指數表現，恒指成份股和國指成份股升跌比例節奏大致與其指數相同。

$$上升比例 = A / (A + D) \times 100\%$$
$$下跌比例 = D / (A + D) \times 100\%$$

例如：某日大市上升和下跌股票數目，分別為 700 和 300，當日大市升跌比例將為 70：30。

整體大市升跌比例值得較細心觀察，比如 2020 年 3 月大跌市，恒指於 3 月 17 日反彈 200 點，成份股上升股份比例為 53%，勉強過半【圖 1】，但當日整體大市上升股份比例僅三成，下跌股份比例達七成【圖 2】，由此説明升市極不全面，難言喘穩，結果恒指由當日收市的 23263 點，進一步跌至 3 月 19 日低位 21139 點。所以指數上揚時上升比例不過半（或跌市時下跌比例不過半），走勢欠説服力。

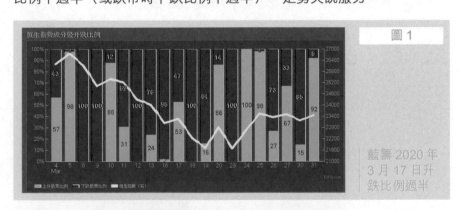

圖 1

藍籌 2020 年 3 月 17 日升跌比例過半

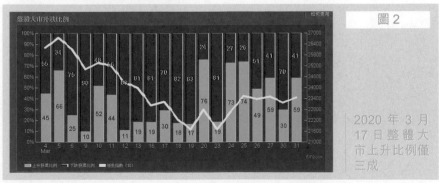

圖 2

2020 年 3 月 17 日整體大市上升比例僅三成

　　升跌比例可反映當天大市上升及下跌股份數目的分布，對分析升市或跌市的結構是否正常，以至大市表現會否與指數出現背馳等情況，均有重要參考作用。

　　此外，大市升跌比例可能會出現罕見的 90%：10% 的極端表現，即所謂的「9-1 上升日」（反映出現全面強勁買盤）或「9-1 下跌日」（大範圍恐慌拋售），不過，投資者不應以單日「9-1」市況作為入市準則，以為如此極端的大升或大跌後，翌日必定作出反轉。記住市場可以超買再超買，超賣再超賣，以 2020 年 1 月 29 日及 30 日為例，大市升跌比例就出現了罕見連續兩日「9-1 下跌日」，恒指及國指成分股更連續兩日全軍覆沒，恒指要兩日後再跌多 300 點才作出技術反彈。

2.9/
A股市寬
較極端

　　市寬同樣可應用在 A 股市場上。EJFQ 提供上海和深圳市場的市寬數據，分別為長線市寬（股價高於 250 天線比率和 50 天線高於 250 天線比率）、中線市寬（股價高於 50 天線比率和 10 天線高於 50 天線比率）和短線市寬（3 天線高於 18 天線比率），每個市場 5 個選擇。

　　A 股市寬應用方式與港股市寬基本上一樣。不過，由於市場特性不同，使用上有幾點要留意。

　　港股長線市寬（股價高於 250 天線比率）長期偏低，對上一次抽穿 50% 分界線要追溯到 2018 年初，即已超過兩年沒有觸及 50%。2018 年 1 月 26 日，恒指收市高見 33154 點，創史上收市最高點，港

股長線市寬也不過 52.5%，反映長線市底長期積弱。

不過，A 股市寬則不同，2015 年「大時代」時，滬市長線市寬（股價高於 250 天線比率）由 3 月 13 日至 6 月 26 日一直處於 99% 以上，上證指數於 6 月 12 日收報 5166 點當天，長線市寬報 99.9%【圖 1】。

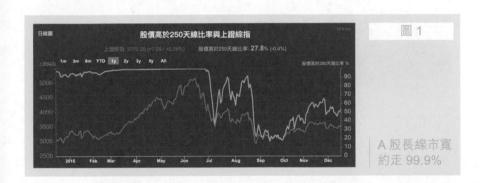

A 股長線市寬約走 99.9%

A 股中線市寬（股價高於 50 天線比率）【圖 2】和短線市寬（3 天線高於 18 天線）【圖 3】情況亦較極端，比如深市中線市寬於 2019 年 3 月底至 2020 年 3 月底的一年內，有三個時期抽穿 90% 的極高水平。

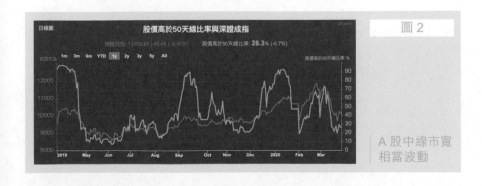

A 股中線市寬相當波動

深市短線市寬亦然，於 2019 年 3 月底至 2020 年 3 月底的一年內，也有三個時期抽穿 90% 的極高水平。

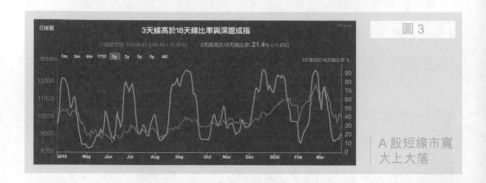

A 股短線市寬
大上大落

總括而言，A 股市寬比港股市寬波幅大，市寬達九成以上這種近乎雞犬升天的現象，港股股民應該久違了。

2.10/
資金流動定吉凶

正所謂有錢使得鬼推磨，股市有錢流入，往往能推動股市上升，反之錢從股市流走，後市例必凶多吉少。

觀測市場資金流向，可留意每日股市升與跌，配合當日成交多與少，但往往未能搶先一步，後知後覺。若然只睇滙率強弱變化，在現今多變的金融市場，或多或少存有一定誤差，故此信報團隊創建「信報香港資金流向綜合指標」，讓投資者快人一步，知悉市場資金流向變化。

「信報香港資金流向綜合指標」（下稱資金流指標）是一個反映資金進出香港金融體系情況，該指標是綜合美元兌港元（即美電）滙價、金管局銀行體系結餘及美電遠期點子，將上述 3 項指標進行標準化

（Normalize）後編製，讀數介乎 -3 至 +3 之間。

該指標呈現上升趨勢時，顯示外圍資金流入香港，往往港股之後會呈現上升趨勢。以 2014 年 6 月 30 日資金流指標位處 0.96 為例，當日恒指收盤為 23190 點，之後資金流指標大幅攀升，於當年 8 月 15 日最高見 1.4，在資金持續流入下，同期港股亦抽高，恒指升至 25000 點附近，期間升幅約 7.6%【圖 1】。

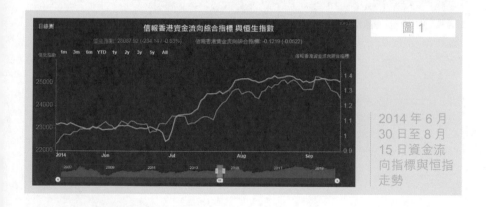

信報香港資金流向綜合指標 與恒生指數

圖 1

2014 年 6 月 30 日至 8 月 15 日資金流向指標與恒指走勢

反之，資金流指標呈現下跌趨勢，暗示資金流走，亦即受到資金撤離刺激，大市下跌機會比較大。情況就如 2019 年 7 月 19 日，當時資金流指標為負 0.26，當日恒指收盤價為 28765 點，隨後資金流指標跌幅擴大，到 2019 年 8 月 15 日更一度低至負 1.03 水平，意思即本港有資金外流情況，期內恒指跌幅 11% 左右。不過，資金流指標在負 1.03 摸底後喘穩，恒指亦回升至 26000 點上落，資金流指標更在當年 9 月

3 日由負 0.96 反彈到 9 月 16 日 0.5 水平，同期恒指亦由 25527 點上升
至 27124 點，漲幅 5.8%【圖 2】。

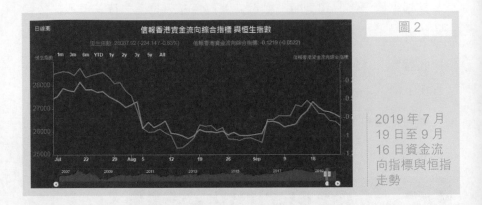

圖 2

2019 年 7 月
19 日至 9 月
16 日資金流
向指標與恒指
走勢

2.11/
諾獎得主加持：
CAPE市盈率

了解一間公司估值平定貴，慣常以市盈率來解讀。上市公司只要有盈利，便可計算市盈率，計算方法是股價除以每股盈利，單位為「倍」，市盈率愈高，代表該股份或指數估值愈貴，相反，市盈率愈低，暗示該股愈便宜。

每個行業平均市盈率有很大的差別。以同屬手機股為例，鏡頭類如舜宇光學（02382）和丘鈦科技（01478），市盈率會較高；但主營機殼類的比亞迪電子（00285）及通達（00698）市盈率普遍較低。

除個股有市盈率外，指數亦可以市盈率來衡量，計算方法是指數除以指數成份股產生的每股盈利，評估方法與個股一樣，市盈率愈高，代表估值愈貴，愈低則是估值愈平，比較對象可以是全球主要股市，例如恒指與國指、美國標普 500 指數甚至是 MSCI 指數（不同地域市場或

板塊）等等。不過，企業盈利受經濟上升或下跌周期和通脹強弱等多個因素影響，變相令市盈率出現偏差。

　　為打破上述偏差，2013 年諾貝爾經濟學獎得主席勒（Robert Shiller），把經通脹調整的指數，除以過去 10 年實質移動平均盈利（Trailing earnings），以降低經濟周期對盈利波動，席勒稱之為經周期調整市盈率（Cyclically Adjusted PE, CAPE）。

　　EJFQ「大市指標」內提供「恒指 CAPE」，是統計恒指由 1980 年至 2018 年，過往 38 年 CAPE 中位數為 15.7 倍，當中 1984 年 7 月，即中英就本港前途談判時期，CAPE 跌至只有 6.6 倍，屬最低水平，最高峰為 2007 年 10 月，即金融海嘯前，恒指 CAPE 高達 32.3 倍。

　　活用在港股上，2019 年港股受中美貿易戰衝擊，以及下半年持續受激烈示威拖累，恒指 CAPE 全年在 10 倍至 12 倍徘徊，比 38 年中位數 15.7 倍明顯低一截，顯然港股估值處偏低水平。

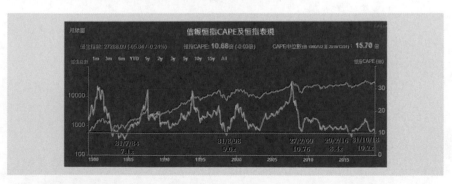

2.12/
無孔不入的
行業表現分析

在 EJFQ 主頁「大市指標」內的「行業分析」，你可以找到 4 種有
關行業表現的數據分析，分別是：

一、行業寬度

每日列出 25 個行業分類，股價高於 50 天線比率及行業排名升跌情
況（分為 1 天、5 天及 10 天）。

二、行業動力

統計該行業分類中有多少股票的強弱指標上升。

三、RSI行業統計

統計該行業分類中有多少百分比股票的 RSI 高於 50 水平（強弱

分界中軸），顯示最新及過去 20 個交易日各行業及其詳細行業分類的 RSI 高於中軸及變化。愈多行業 RSI 大於 50 數值上升，表示大市表現愈強。

四、RSI詳細行業統計

顯示各詳細行業分類中有多少百分比股票的 RSI 高於 50 水平，同樣地可以在各行業分類以「精明選股」篩選器中開啟。

這裏介紹一下「行業／詳細行業動力」，統計一個行業（或詳細行業）中股份的強弱指標升跌，「行業」分類有 26 個（包括「其他」），「詳細行業」分類有 88 個，數據交易日晚上 10 時更新【圖 1】。

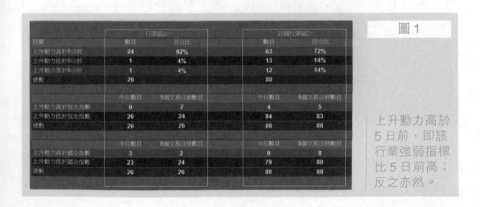

圖 1

行業統計			詳細行業統計		
行業	數目	百分比		數目	百分比
上升動力高於5日前	24	92%		63	72%
上升動力低於5日前	1	4%		13	14%
上升動力等於5日前	1	4%		12	14%
總數	26			88	

	今日數目	5個交易日前數目		今日數目	5個交易日前數目
上升動力高於恒生指數	0	2		4	5
上升動力低於恒生指數	26	24		84	83
總數	26	26		88	88

	今日數目	5個交易日前數目		今日數目	5個交易日前數目
上升動力高於國企指數	3	2		9	8
上升動力低於國企指數	23	24		79	80
總數	26	26		88	88

上升動力高於 5 日前，即該行業強弱指標比 5 日前高；反之亦然。

EJFQ 系統利用 3 組圖表，反映過去 20 個交易日的詳細行業動力、恒生指數成份股及國企指數成份股，配合恒指及國指走勢，以反映整體大市與恒生及國企指數成份股的互動關係。

第一個是詳細行業上升動力統計圖，此圖統計過去 20 個交易日中，有多少詳細行業的上升動力比 5 日前上升、下跌或不變【圖 2】。

應用上，以 2020 年 4 月 15 日至 5 月 14 日數據為例，恒指於 4 月 24 日起步，至 4 月 29 日抽穿 24500 點水平，恒指走勢頗強，但詳細行業上升動力較 5 日前高的比率由 4 月 23 日的 47%，跌至 4 月 29 日的 15%；同時詳細行業上升動力較 5 日前低的比率由 21% 增至 46%，反映近半詳細行業分類已乏力，結果恒指於 5 月 4 日即告急回。

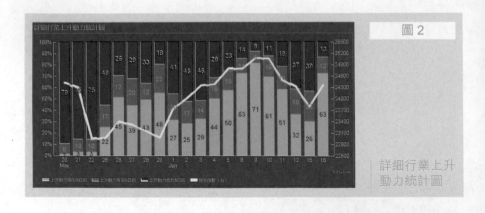

圖 2

詳細行業上升
動力統計圖

第二組圖表是「詳細行業上升動力 vs 恒生指數成份股上升動力」，比較過去 20 個交易日內詳細行業與恒指成份股上升動力表現【圖 3】。

同以 4 月 15 日至 5 月 14 日的數據為例，由 4 月 15 日至 5 月 5 日，「詳細行業上升動力低於恒指成份股上升動力」的比率一直高於 71%；相對地詳細行業上升動力高於恒指成份股上升動力的比率一直低於 17%

（明眼人會留意到 71% 加 17% 只是 88%，餘下 12% 為詳細行業上升動力等於恒指成份股上升動力），反映就算大市期內曾穿24500點水平，大多數行業跟不上升勢。投資者應集中部署恒指成份股或恒指 ETF。

圖 3

詳細行業上升動力 vs 恒指成份股上升動力

第三組圖為「詳細行業上升動力 vs 國企指數成份股上升動力」，是詳細行業與國指成份股上升動力的比較圖。

用法大致與「詳細行業上升動力 vs 恒生指數成份股上升動力」一樣，國指由 4 月 11 日的約一萬點水平，至 9 月 14 日跌穿 9700 點，期內「詳細行業上升動力高於國指成份股上升動力」的比率由 24% 升至 87%；相對地「詳細行業上升動力低於國指成份股上升動力」的比率由 64% 急跌至 1%，反映大部分行業動力好過國指，投資者應撤出國指 ETF 及國指成份股，炒股不炒市。

2.13/
最痛指數
論牛熊

　　恒指窩輪及牛熊證最痛指數，刊於交易日翌日早上發表的「恒指及國指衍生工具統計圖表」（於「名家分析」中「大市分析」內）【圖1】。

圖 1

　　恒指窩輪及牛熊證「最痛指數」（橙色曲線）【圖2】，統計出可作交易的恒指窩輪及牛熊證於不同恒指點數結算時的總價值，曲線呈微 U 形，線上的最低點便是前一交易日統計出的「最痛位」，代表市場上輪證買家（即投資者）整體所持有輪證的最小價值，可理解為投資者輸得最多的位置。同樣地，此位置是輪證發行商最大價值，即發行商贏得最多的位置。而「最痛區間」（紫色區間）是以最低點價值加 5% 計算。

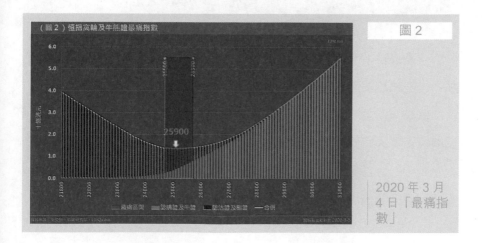

圖 2

2020 年 3 月 4 日「最痛指數」

　　「最痛位」可算輪證投資者日常使用的「牛熊證重貨區」優化版。「最痛位」和「最痛區間」每日均會移動，而移動方向就會帶出訊號，如截至 2020 年 3 月 4 日收市數據統計的「最痛位」是 25900 點，「最痛區間」25500 點至 26500 點【圖2】。不過，翌日（3 月 5 日）收市數據統計的「最痛位」下移 200 點，至 25700 點【圖3】，「最痛區間」也下移至 25200 點與 26000 點間。

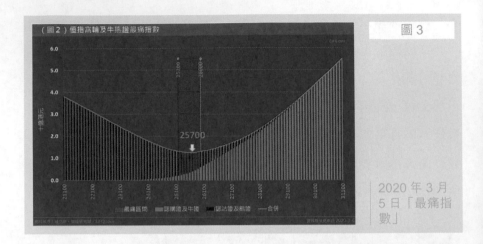

（圖2）恒指高輪及牛熊證最痛指數

圖3

2020 年 3 月 5 日「最痛指數」

「最痛位」和「最痛區間」下移，反映市場上認購證和牛證佔比增加，代表輪證買家對短線後市看法正面的積極性增加，反之亦然。

假設恒指處下跌走勢，同時「最痛位」和「最痛區間」不停下移，反映投資買入認購證和牛證「加倉」。如恒指下跌至「最痛區間」較低水平時，即大部分看好投資者已輸錢，可能反映進一步下跌空間有限或短線利淡因素盡出，後市可呈喘穩甚至技術反彈。

操作例子如 2020 年 2 月 3 日（周一）收市數據顯示「最痛位」由 1 月 31 日（周五）的 27000 點【圖4】，下移至 26600 點【圖5】，而 2 月 3 日當日恒指盤中低見 26145 點後拗腰，並倒升收市，更走出四連升走勢。

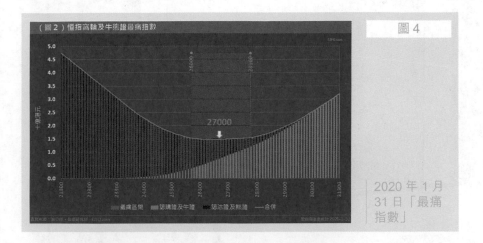

（圖2）恒指窩輪及牛熊證最痛指數

27000

最痛區間　　認購證及牛證　　認沽證及熊證　　合併

圖 4

2020 年 1 月
31 日「最痛
指數」

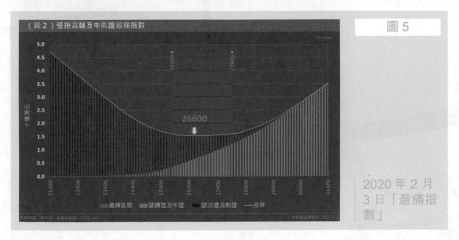

（圖2）恒指窩輪及牛熊證最痛指數

26600

最痛區間　　認購證及牛證　　認沽證及熊證　　合併

圖 5

2020 年 2 月
3 日「最痛指
數」

CHAPTER 3 股海明「燈」

TA+

「勢在必行」指的就是勢頭（Trend），很多人都知道要順勢而行，但趨勢不是憑感覺主觀去判斷的，這部分介紹了科學化的「勢頭能量」等訊號，讓你可以進退有據，領悟「溝上唔溝落，止蝕唔止賺」的道理。

3.1/
有智慧
不如趁勢

　　《信報》前賢曹仁超（曹 Sir）的股場智慧深入民心，投資金句歷久常新，當中最為人知就是「有智慧不如趁勢」。

　　為何曹 Sir 不簡單講句：「投資要趁勢」，而要話「有智慧不如趁勢」呢？其實背後含意真的充滿哲理。因為變幻原是永恒，人始終是渺小的，雖然你自問很有智慧，但太過自信是很危險的。

　　股神畢非德早年一直不碰科技股，其後也要跟隨大勢，在 2016 年首度買入蘋果公司股票，之後愈買愈多，最後證明決定正確，意味股神也有大跌眼鏡的時候，在新冠肺災蔓延美國的初期，畢非德表明不會拋售航空股，但隨着疫情急轉直下至全球多國封城，股神半個月後也要

「反口」，4 月初減持達美航空及西南航空，損失幾十億美元也在所不惜。由此可見，即使你多有智慧，也應該對市場常懷敬畏之心，不要逆勢而行。

根據曹 Sir 意思，投資必須抓緊趨勢，如能掌握一個浪，足可改變一生命運。寧買當頭起，莫買當頭跌，就是他所講的「溝上唔溝落」，上升趨勢期間適時加注，相反在下跌趨勢就千萬不要溝貨，這有點像賭場術語的「贏要谷，輸要縮」。

另外，要緊記「止蝕不止賺」，強勢仍在，要揸緊，不斷上移止蝕位；強勢不再，就要止蝕（其實即是止賺）。

坊間總是有人教你如何捕捉倍升股，老實說，除非大家身處的是 1997 年、2000 年科網狂潮，又或者是 2007 年的大牛市，否則哪有倍賺的必勝法！

不過，可以肯定的是，當你買入一隻出現強勢的股票，總有得博，博它成為明日之星，無人可以準確預計趨勢會運行到幾時；相反，若你買的是弱勢股，你也未必估計到它會衰到幾時。長遠來說，一定是買強勢股勝算較高。

以上所有道理都不難明，但核心問題就是如何判別趨勢，不是升幾

日、開幾支陽燭，升穿什麼平均線就説是升勢開始吧！EJFQ 獨家研發的趨勢指標，背後透過科學化的數據分析，並且收集足夠數據後才會發出勢頭訊號，不會隨便頻密轉換訊號，所以你才有機會揸中好似碧桂園服務（06098）、雅生活服務（03319）、維他奶（00345）、李寧（02331）、頤海國際（01579）、中國聯塑（02128）和平安好醫生（01833）等這些真正的倍升股。

這篇其實也可以放在最後部分的心法篇，但因為本部分正是重點介紹 EJFQ 的趨勢指標，所以先在這裏為大家熱熱身，一二三去片！

3.2/
勢頭能量
「紅綠燈」

　　EJFQ 透過全科學數據，追蹤大市及全部港股的強弱變化，幫投資者捕捉較好的出入市時機，揀出較值博的股票，爭取比較高的回報。系統擁有多個獨家指標，當中包括「股票勢頭」，它是一個反映股票趨勢的訊號，主要提示哪些板塊入面，哪些股票的趨勢比較穩定，轉勢比較早，因此，千萬不要以為它是一個買入或賣出的絕對訊號，見到綠燈以為提示你可以買，見到紅燈就以為叫你沽。

　　系統一共有 3 種不同顏色（綠、紅、灰）的燈號，代表不同股票的勢頭強弱。綠燈代表股票的趨勢正面；趨勢負面的股票用紅燈來代表；灰燈代表暫時未有足夠資料分析有關股票。如果見到燈號在閃動，代表過去一日剛剛轉色。

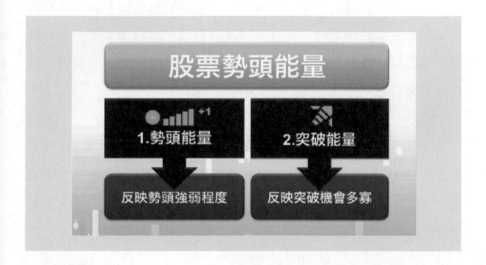

股票勢頭的能量分為有兩種：勢頭能量（Trend Strength）及突破能量（Breakout Strength）。勢頭能量反映勢頭的強弱程度，至於突破能量是反映突破的機會有多大【圖】。

由於突破能量比較着重短期數據，能量轉變相對頻密，所以一定要配合反映主要趨勢的勢頭能量一齊用。換言之，即使突破能量的箭嘴是綠色，但反映主要趨勢的勢頭能量仍然是紅色，這隻股票比較難出現突破。

至於怎樣可能分清勢頭的強弱及變化呢？

先講勢頭能量，其「能量棒」由0至5格。以綠燈為例，愈多格數代表長線的正面趨勢愈強，如發現能量棒的格數增加，即代表勢頭開

始轉強；相反，如果格數開始減少，代表正面趨勢開始減弱，就要密切
留意燈號變化。

「能量棒」右上角可能出現數字，代表「能量棒」格數今日及
昨日的分別，例如「+1」，代表個股能量較昨日增加 1 格，亦即轉
強；若出現「-1」，即代表個股能量較上日減少 1 格，即減弱。餘
此類推。

理論上，有 4 至 5 格綠色能量棒，代表股票勢頭強勁，至於只有 1
至 2 格，代表股票強勢正在減弱。同樣道理可運用紅色燈號上，如果見
到紅色格數愈多，即代表負面趨勢愈強，愈少紅色格數，代表負面趨勢
較弱。

另一方面，突破能量以「箭嘴」顯示，同樣有 0 至 5 格之分，綠
色向上箭嘴代表向上突破的機會正面，5 格代表突破機會比較強，至於
只有 1 格甚至沒有格數，突破的機會比較弱。

同樣道理都可適用向下的紅色箭嘴身上，格數愈多，代表向下機會
較大，相反，代表未來向下的機會比較細。

以上所講的所有燈號都會在交易日晚上約 10 點半更新，方便用戶
在翌日開市前做定功課。

　　為了提高勝算，建議揀股要搵有 4 至 5 格綠色格數，以及最早轉燈即轉強一段時間的領袖股，因為這些股票是最強勢而且趨勢最穩定，在升市的時候領袖股是「火車頭」，最早上升的一批股票，在跌市時抗跌力亦通常會最強。

3.3/
綠紅比率
預示大市走勢

　　EJFQ 系統追蹤股票長線勢頭，並予以「勢頭能量」燈號，分為綠燈、紅燈和資料不足「灰燈」3 類，綠燈顯示長線趨勢偏好，紅燈顯示長線趨勢偏差。

　　「綠紅比率」就是統計本港整體上市公司長線勢頭燈號的比率，協助了解大市動力表現。算式如下：

$$EJFQ\ 綠紅比率 = \frac{發出綠色勢頭公司數目 - 發出紅色勢頭公司數目}{上市公司總數} \times 100\%$$

　　簡單而言，當綠紅比率持續上升，即愈多數目個股勢頭轉為正面，

恒指展開較強上升浪機會較高；反之，比率一直下跌，即愈多數目個股勢頭轉為負面，恒指展開較深跌浪可能性較大。

自 2015 年至 2019 年的 5 年來綠紅比率較長時間處於負數水平【圖 1】，期間 6 次由負轉正，當中 2015 年 3 月中比率由 -23 水平逐步升上正值後，至 5 月中旬達 74%，期內恒指最多飆 2857 點，由 25275 點漲至 28133 點；其後綠紅比率持續向下，最低接近 -90%，同期恒指一度挫至 20840 點，反映綠紅比率與恒指成正向關係。

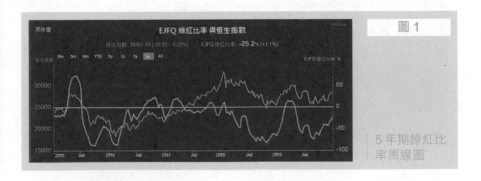

圖 1

5 年期綠紅比率周線圖

觀乎近年綠紅比率的特性，除長時間處於負數水平外，轉正後進一步大幅走高的現象較少見，最近 3 次負轉正在 2017 年 10 月初、2018 年 1 月初和 2019 年 3 月初，惟 3 次最高僅升至 14.3%，當中 2018 年恒指創出歷史新高期間，綠紅比率只有 11%。

反之，近 5 年來綠紅比率最少有 4 次跌至 -70% 以上，代表近年大

市升勢多數不全面,但跌市時整體向下機率卻較多,市場受質素欠佳的
紅燈弱勢股所牽制。

到 2020 年 3 月 19 日,恒指挫至新冠肺炎疫情以來新低的 21139
點,之後曾反彈至接近 23800 點附近,不過,這段時間綠紅比率反而
持續惡化,4 月 3 日跌至 -82.8%【圖 2】,為 2018 年 11 月即港股當
時深受中美貿易戰陰霾拖累以來最低水平,可見大市反彈質素平平,市
場上強勢股依然買少見少。

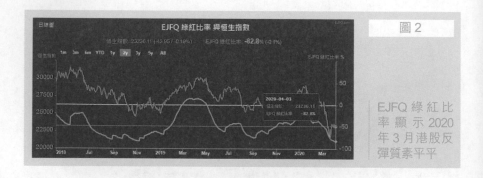

圖 2

EJFQ 綠紅比
率 顯 示 2020
年 3 月港股反
彈質素平平

3.4/
燈號往績
反映股性

　　每隻股份在「股票詳情」右上方均會顯示「長線勢頭過往表現」，記錄了過去每當出現「勢頭能量」轉強的綠燈，並以轉燈日假設為買入日期，到綠燈轉為勢頭能量轉弱時紅燈沽出，計算期內表現（升/跌幅）。

　　簡單理解，一隻好股票應該當它展現強勢時，升勢可以持續一段較長時間，到轉紅燈沽出時，仍可錄得一定升幅；相反，若果個股燈號由綠轉紅後，仍要錄得跌幅，而且多次有此情況，便證明這隻股票的「股性」比較飄忽，升勢往往很短暫，很快又走樣轉弱，迫使系統發出紅燈，入市前應對這類股票有所防避。

所以，了解燈號往績，入市前停一停，諗一諗，落注輕重。

為什麼有些股票的燈號往績差勁呢？

- 劣質細價股，業績反覆，難獲長線資金青睞，幕後人又經常大玩財技，甚至「向下炒」。
- 就算是一些有券商覆蓋的中型股，也因為分析員看法參差，自然難一鼓作氣升。
- 一旦遇上行業政策風向飄忽，就算龍頭股走勢亦時好時壞。

哪些股票往績燈號較亮麗呢？

- 增長股，特別是新經濟題材持續升溫，市場認為某些股票值得較高溢價，股價反覆創新高，上方無蟹貨阻力下，長升長有。
- 季度、中期及全年業績均好過市場預期，分析員盈利預測不斷往上調，推動股價向上。
- 整體大市處於資金推動型的牛市，行業龍頭或指數成份股自然成為資金追捧對象。

以高鑫零售（06808）這隻零售／貿易板塊龍頭股為例，近年燈號往績理想【圖 1】，最近一次綠燈是 2019 年 7 月 11 日發出，至 2020 年 4 月 9 日已累漲 54.6%。

圖 1 　　高鑫零售（06808）燈號往績不俗

此外，領展（00823）燈號往績也出色，近 5 次出綠燈，只有一次沽出時錄得負回報，就是 2017 年 2 月 24 日至 3 月 9 日，系統果斷地在半個月內轉燈，該次若跟燈操作，僅虧損 4.9%【圖 2】。

圖 2 　　領展（00823）燈號往績出色

至於中航科工（02357），早幾年有很多外資，投資者普遍視之為濃厚的軍工概念股，甚至獲納入全年首選股名單，不過一直令人失望，經常狀似轉勢後，升勢不保又再下潛。相信不少投資者也因此而「中

伏」。觀察它的長線勢頭過往表現「全紅」【圖3】，系統止蝕也很「果斷」，虧損有限，換着是很多散戶，長守下去，不知道要蝕多少。

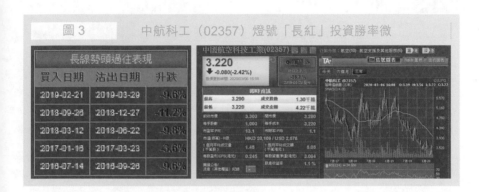

圖3　　中航科工（02357）燈號「長紅」投資勝率微

長線勢頭過往表現		
買入日期	沽出日期	升跌
2019-02-21	2019-03-29	-9.6%
2018-09-26	2018-12-27	-11.2%
2018-03-12	2018-06-22	-9.6%
2017-01-16	2017-03-23	-3.6%
2016-07-14	2016-09-26	-9.6%

3.5/
A50 ETF
沿着燈號走

近年 ETF（交易所買賣基金）愈趨成熟，深受投資者歡迎，本港上市 ETF 亦更多元化。長線能量勢頭（燈號）同樣可以應用在 ETF，同時代表該指數或該行業長線走勢。

連同反向與槓桿 ETF，港股目前 ETF 產品超過 200 隻，但不是每隻都有良好燈號往績，當中不少成交不足，也有上市時間過短而資料不足；此外，追蹤的指數或行業本身比較飄忽，也會影響 ETF 的燈號。

ETF 是投資 A 股其中一個重要選項，比如追蹤 A50 的安碩 A50（02823），截至 2020 年 3 月底止，若 5 次發出長線綠燈時買入、發出長線紅燈時賣出，其中 3 次錄得正回報，最高一次賺 55.9%，5 次操

作平均回報率 18.2%【圖 1】。由此可見，A 股一旦展開長線升浪，升幅可以十分可觀，而燈號可以幫你捕捉升浪，不太受短期震盪影響，避免出入頻密，進退失據的情況。

圖 1

長線勢頭過往表現		
買入日期	沽出日期	升跌
2019-02-04	2020-01-31	6.9%
2016-07-12	2018-04-03	46.2%
2016-04-14	2016-05-12	-6.0%
2014-07-15	2015-07-09	55.9%
2013-09-12	2013-12-23	-11.2%

安碩 A50（02823）「燈」號表現

　　燈號往績除了在個股頁面右上方，也可以進入個股圖表，按「指標」內的 Trend Strength，便會在圖表下方顯示燈號紀錄【圖 2】。

圖 2

股價內可顯示燈號紀錄

　　本港 A 股 ETF 不止一隻，另一較熱門是南方 A50（02822），同

樣以截至 2020 年 3 月底止，假設過去 5 次發出長線綠燈時買入，發出
長線紅燈時賣出，有 3 次錄得升幅，最高一次賺 58.8%，5 次操作平均
回報率 17.8%【圖 3】。

長線勢頭過往表現

圖 3

買入日期	沽出日期	升跌
2019-02-12	2020-01-30	4.0%
2017-05-16	2018-03-29	31.3%
2017-02-01	2017-05-02	-2.0%
2016-07-18	2016-12-23	-3.0%
2014-11-11	2015-07-14	58.8%

南方 A50
（02822)燈號
成績亦佳

　　眼利讀者應該會發現，雖然兩隻 ETF 同樣追蹤富時中國 A50 指數，
但轉燈日卻不一致，主要由於兩隻 ETF 雖然走勢基本同步，但具體追
蹤基準指數的表現不盡相同，這很大原因由於安碩 A50 是「合成」的
ETF，而南方 A50 則是「實物」ETF，追蹤指數的誤差會略有分別，另
外價格跟基金的淨資產值的溢價/折讓亦不一樣。

3.6/
配合突破能量
訊號食糊

人類社會自有電腦出現，加上光纖與互聯網降臨，效率變得愈來愈快，尤其股票市場。

正如在序所言，大戶的武器於投資市場上不斷升級，散戶若不與時並進，做炮灰機會甚高，而 EJFQ 正是抗衡大鱷的工具。

EJFQ 系統中，恒生指數、國企指數及每隻股份都有勢頭能量燈號，包括綠燈意思趨勢正面，紅燈為趨勢負面，灰燈為資料不足，而趨勢正面內有 5 格，是反映指數或個股整體趨勢的強弱程度。

此外，每隻股份還有一個「突破能量」，並以綠色或紅色箭嘴展示，

箭嘴內亦分為 5 格，用來反映股份突破機會有多大，與勢頭能量燈互相配合下，更可用作為買賣股份的食糊參考。

　　具體操作是勢頭能量轉綠燈時，用家可以作為買入股份參考，但當「突破能量」轉弱，尤其「紅箭嘴」出現 3 格或以上，持貨者可沽出或減持。

　　以安踏（02020）為例【圖 1】，該股於 2019 年 1 月 22 日勢頭能量燈由「紅轉綠」，當日收市價 37.95 元，直至 4 月 11 日出現「突破能量」【圖 1】轉弱兼 3 格或以上「紅箭嘴」準則作沽出，以當日收盤價 51.15 元計算，便可輕鬆賺得 37.3% 盈利。

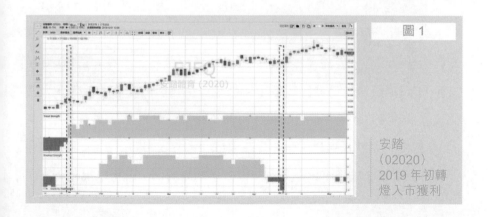

圖 1

安踏
（02020）
2019 年初轉
燈入市獲利

　　例如光伏股龍頭之一的信義光能（00968），於 2019 年 7 月 24 日勢頭能量由紅變綠，以當日收市價 4.29 元作買入，並以 9 月 30 日

發出 3 格「突破能量」，減持鎖定利潤；若進一步跟進，可於 11 月 20 日「突破能量」燈重新轉綠時增持（當日收市價為 4.72 元）【圖 2】，假如一直持有至 2020 年 1 月 15 日收市 5.87 元計，這次重新增持獲利 24%。

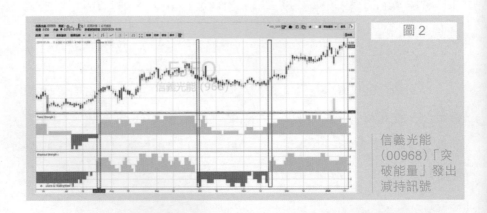

圖 2

信義光能
（00968）「突
破能量」發出
減持訊號

　　再來多一個例子。中國海外宏洋（00081）2019 年 10 月 16 日發出勢頭能量轉強的綠燈，股價約 4.2 元一路反覆向上，終於在 2020 年 3 月 11 日連續第二日發出 3 格「突破能量」轉弱的紅箭嘴，在 5 元沽出止賺，累賺近兩成。你可以問：為何 1 月中不趁 6 元高位沽出呢【圖 3】？趨勢投資就是這樣，強勢仍在，let the profit run，你永遠不知會反覆升到哪裏？好了，直至見到突破能量明顯減弱，就可以視為減持或者食糊之時。

圖 3

中國海外宏洋
（00081）回落
後才轉燈

3.7/
非一般
異動股榜

很多人短炒都睇「20 大升幅榜」，不過大家都知榜內不少是成交疏落，又是創業板股這類「不明物體」，亂追好大鑊。就算你識篩走這些股票，剩低的可能只係幾隻睇得上眼，基本上即日很多未打入 20 大升幅榜的異動股，你未必有辦法可以睇得到。

另外，相信你也聽過不少炒股老手「量比價先行」，所以成交變化本身就是一個重要異動指標。「價量齊升」的股份確實可以望多幾眼，除了本身可能有利好消息帶動，又或者反映有主力資金介入部署，唔排除有後續好消息跟尾。

EJFQ 的「異動股」統計即日成交額高於 500 萬元的股票，助用戶

尋找當炒股票，或觀察持有的股票是否出現異動（包括上升或下跌），
篩走沒有「量」配合的異動分子。

異動股榜有 6 個分類，各列 50 隻，排名均即時更新。

大型股：市值 150 億元以上
中型股：市值 20 至 150 億元
小型股：市值 5 至 20 億元
創業板：創業板買賣股份
滬港通：滬港通名單股份
深港通：深港通名單股份

異動股另一大特色是以「即日成交比率」來排序，即該股的即日成
交股數與過去 3 個月平均成交比率，數值愈高代表該股票當日買賣活動
愈異常。

為反映即市變動情況，異動股榜又顯示「10 / 30 分鐘排名升跌」，
即該股於過去 10 分鐘及 30 分鐘內於異動股榜內排名上落位置，變動愈
大反映異動情況相也愈大。若數值出現「0」表示排名沒有變動；「—」
表示股票之前成交額未達 500 萬元，所以未有排名。

投資者亦可以隨時把這些異動股，以「精明選股」股票篩選器及

「RA+ 輪動圖」來開啟，以方便進一步分析及比較。你也可以開啟「信號圖表」，然後按下「事件」掣，了解個股某日大成交，是否以下事項有關，包括：

1. 通告/警報（N）

2. 業績公布（E）

3. 回購股份（R）

4. 主要股東交易紀錄（T）

5. 其他股權變動（C）

6. 股本集資（F）

7. 派息/股份備忘（D）

中糧肉食（01610）於 2020 年 4 月 16 日急升 11%，收報 2.32 元，創年初以來高位，即日成交比率達 4.3 倍，高踞當日異動股榜首【圖 1】，而該股對上一日勢頭能量紅燈已降至 0 格，頗有由弱轉強機會。系統主頁的「大市通勝」當日盤中亦特別指出其異動情況【圖 2】。果然，中糧肉食之後反覆上升，4 月 22 日發出轉強綠燈，4 月 23 日盤中衝高至 2.88 元，24 日收報 2.73 元，升 3%【圖 3】。

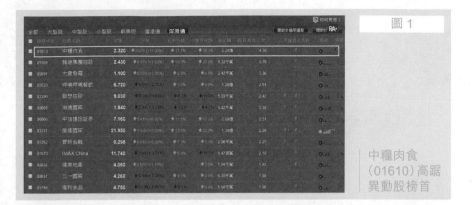

圖 1

中糧肉食
(01610) 高踞
異動股榜首

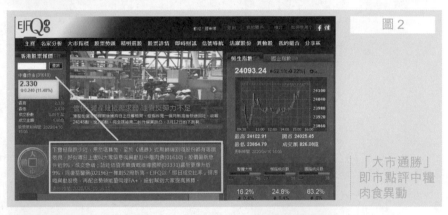

圖 2

「大市通勝」
即市點評中糧
肉食異動

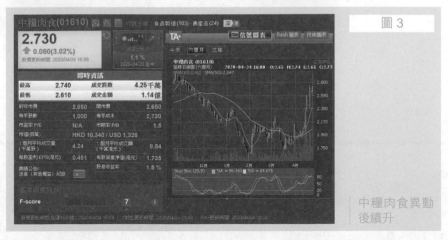

圖 3

中糧肉食異動
後續升

MON	TUE	WED	THU	FRI	SAT	SUN
						1
2	3	4	5	6	7	8
9	10	11	12	13	14	15
16	17	18	19	20	21	22
23	24	25	26	27	28	29
30	31					

TA+ FA+

CHAPTER 4 輪動分析
確認周期

❝ 正如經濟循環一樣，股市很多時都是盛極
而衰，否極泰來。輪動分析（RA+）把指數、
板塊，以至個股，以圖像化展示趨勢軌跡，了
解目前表現是領先抑或落後；動力是改善還是
轉差，助你知道何時留意機會，何時要加強風
險管理。❞

RA+

4.1/
「四格」輪動圖
趨勢一目了然

　　EJFQ 與 RRG（Relative Rotation Graph）合作，推出板塊輪動分析增值服務 RA 加強版（RA+），這個主要功能告訴你，哪個指數、板塊或個股的表現為領先或落後，動力正在改善抑或轉差。以圖像將趨勢形象化，助用戶節省時間，輕鬆看通大市、板塊及個股的走勢和表現，從中找到交易機會，真的可以用「the BIG picture in ONE picture」來形容。

　　輪動圖分 4 個方格、分別是「領先」、「轉差」、「改善」和「落後」，橫軸代表相對表現，縱軸代表相對動力；座標讀數若等於 100，代表其表現與基準相同；高過 100 代表較基準好，100 以下意味較基準差。

　　只要將不同日子的座標連起來，就會形成軌跡，最大的一點顯示最

近期的數據。一般來説,軌跡是順時針地運行。若果軌跡是由左下方運行至右上方,代表正在轉強,大家可以在該位置留意機會【圖1】。

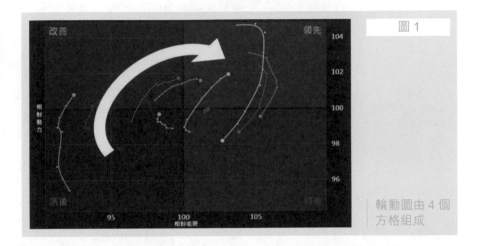

圖1

輪動圖由4個
方格組成

相反,若果軌跡由右上方移向左下方,代表正在轉弱,大家就要留意做好風險管理了【圖2】。

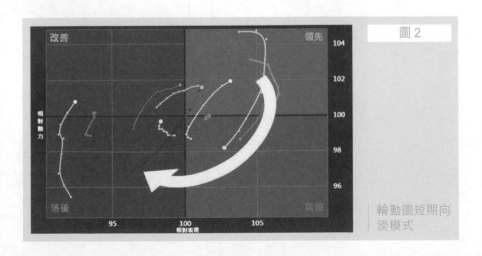

圖2

輪動圖短期向
淡模式

用戶可以在「大市指標」、「精明選股」及「我的組合」開啟輪動圖，精明選股更加設了輪動圖的走勢選項，例如：「處於領先方格」、「剛進入領先方格」、「剛進入轉差方格」等。輪動圖數據會在港股交易日收市後更新。

大家在「精明開啟」或「我的組合」只要按「開啟於 RA+」，輪動圖就會顯示出來。若果想減少股票數目，只要剔走股票號碼就可以；又或者剔走所有股票，再揀自己想睇的股票。

系統的輪動圖可以選擇日線或周線圖，一般來說想參考短線表現利用日線圖，若是長線操作則可利用周線圖。日線最多提供最近 30 個交易日的數據，周線則最多提供最近 30 周的數據。大家可以利用圖表底部的軌跡長度調校日子的長短。

「日線」及「周線」右邊有個播放鍵 ，可以用來播放動態圖表，觀察軌跡變化。再隔離兩個掣用來調校圖表比例，按左邊掣圖表比例調校到有足夠空間顯示最多 30 個交易日或最多 30 周內的軌跡變化。按右面掣，圖表比例就會自動調校到剛好夠顯示指定日數／周數的軌跡。

另外，可按實滑鼠，然後拉到你想看的位置，或者利用滑鼠中間個掣，將圖表放大或縮細。

旗仔掣代表顯示或者收起，指數和板塊名稱，或者股票號碼。

有時覺得圖表太花，想集中看最近期表現，就可以用右二軌跡掣把所有軌跡收起。

至於最上面一排掣，用來選擇利用哪個指數來做基準，看指數/板塊/個股相對表現，如果大家想看絕對表現，可以選「無基準」。

三項分類，可以看到 7 個主要指數，EJFQ 的 25 個行業分類，以及恒生綜合指數 11 個行業分類的輪動圖。

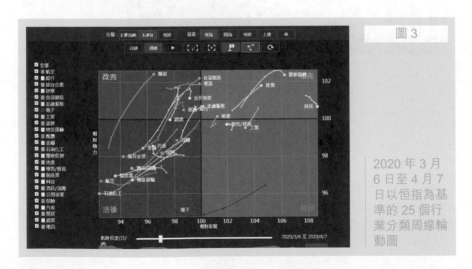

圖 3

2020 年 3 月 6 日至 4 月 7 日以恒指為基準的 25 個行業分類周線輪動圖

以 2020 年 3 月 6 日至 4 月 7 日周線輪動圖為例，如以恒指為基準，科技、醫療保健、建築均處於領先方格，相對動力及表現均比恒指強。

較多行業板塊處於落後方格，以石油化工較為弱勢【圖3】。若採用無基準，可觀察25個板塊的絕對表現及動力，大部分板塊均處於落後方格，反映大市的動力仍然弱勢【圖4】。

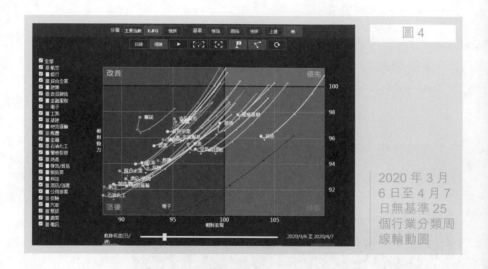

圖 4

2020年3月6日至4月7日無基準25個行業分類周線輪動圖

4.2/
表現與動力
打造「四張名單」

再講解一下 RRG 輪動圖的橫軸「相對表現」及縱軸「相對動力」所代表是什麼意思，以及如何理解板塊及個股在四個方格，或稱象限（quadrant）。

「相對表現」是 Relative Strength （RS-Ratio），較易理解，但請注意，這裏的 RS 跟廣泛流行的技術指標「相對強弱指數」RSI（Relative Strength Index）是完全不同的概念，不要弄錯。

至於「相對動力」(RS-Momentum)，就是量度「相對表現」的變率。

另外，若果見到軌跡裏點與點之間的距離拉闊，代表相對表現及相

對動力，下跌或上升的速度有加快的情況，亦整體指處於尋頂或探底的階段。

現在再解釋輪動圖四個方格的特點【圖】：

右上方綠色區域是「領先」方格（leading），在入面的相對表現及相對動力均高於 100，我們可以用（＋／＋）來表達，一個正值的相對表現顯示上，正值的相對動力意思是這個趨勢仍在更高推進中（A positive RS-Ratio indicates an uptrend in relative performance and positive momentum means this trend is still pushing higher.）

所以，你買入的股票若果處於領先方格就是最理想的了，我們就以「Buy List」來形容它。

右下方黃色的 *「轉差」方格（weakening）* 顯示了相對表現雖然高於 100，但相對動力卻低於 100，這個（＋／－）的組合，意思是相對表現雖然仍然向上，但升勢正在放緩或正失去力量（A positive RS-Ratio indicates an uptrend in relative performance, but negative momentum means this uptrend is stalling or losing power.）。所以，若果你持有的股票正落在這個方格內，就要留意股價可能正在整固，宜密切觀察後向究竟會是重拾升勢，還是進一步轉差，所以可以用「Watch List」來形容它。

左下方紅色的是 *「落後」方格（lagging）*，代表相對表現和相對動力的讀數均在 100 以下，這個（－／－）的組合，反映了相對表現向下，並且下行趨勢正推得更低。（A negative RS-Ratio indicates a downtrend in relative performance and negative momentum means this downtrend is still pushing lower.）若果你持有的股票正落入落後方格，就要果斷做好風險管理，例如考慮減持或止蝕，又或者避開不要買於落後方格的股票，所以可以用「Avoid List」來形容它。

至於左上角藍色的 *「改善」方格（improving）*，相對表現低於 100，但相對動力移到 100 之上。這個（－／＋）組合代表相對表現雖然仍呈下行，但跌勢正在放緩或潛在轉勢向好。（A negative RS-Ratio indicates a downtrend in relative performance, but positive momentum means this downtrend is stalling or potentially reversing.）所以你可以

在「改善」方格中留意機會，尋找有條件轉勢及具上升潛在的股票，我們以「Shopping List」來形容它。

最後補充一下，輪動圖是相對表現的指標，它仍然有可能存在一個風險，就是輪動方向有機會突然逆轉，我們建議你應該配合其他技術分析工具，讓圖表派有一個更完整的畫面。

勢在
必行

活用全方位
價值趨勢信號

4.3/
RA+「由上而下」
選股方法

　　使用 RA+ 可「由上而下」選出目標股份，建議用戶先參考無基準板塊輪動圖及各板塊的移動方向，再按以下步驟找出投資機會：

一、判斷大市走勢

　　於「大市指標」開啟 RA+：先參考無基準的指數周線輪動圖，判斷大市方向正處於升勢或跌勢【圖 1】，以制定策略。所以先認清大市方向為首要考慮因素，比留意板塊或個股位處的方格或位置更為重要。確認大市處於升勢時，應同時觀察大市是否處於升勢的初期。

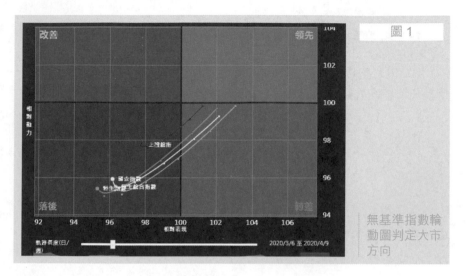

圖1

無基準指數輪動圖判定大市方向

二、鎖定強勢板塊：誰是領袖？

如果正處在「改善」方格，剛進入又或即將進入「領先」方格，這些板塊可以優先考慮【圖2】。

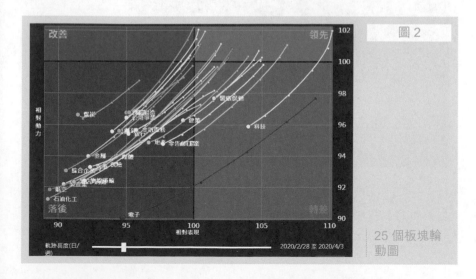

圖2

25個板塊輪動圖

三、找出領袖股

於「精明選股」開啟 RA+：選擇值博率高的股份、尋找領袖板塊
中的領袖股，例如選出有較多分析員給予評級，並獲得較高建議買入/
增持佔比的較大市值股份。

用戶應因應市況、個人投資目標及風險承受程度制定適合自己的投
資策略。

另外，亦可參考「名家分析」內的「行業/板塊」【圖3】，提供
貼市的輪動圖分析。

圖 3

行業/板塊內
可控供輪動圖
分析

4.4/
基準輪動圖
「由無到有」

　　究竟我應該用無基準還是有基準的輪動圖呢？我們建議可先看無基
準圖表，再按需要參考有基準圖表。

　　看無基準輪動圖，可直接了解板塊或股份本身表現。試想想，若果
遇上大跌市，恒指大幅下挫，你若果用恒指作為基準去開啟板塊的輪動
圖，可能會有若干板塊處於領先方格內，這樣真的代表這些板塊表現很
好嗎？答案當然不是，很可能只是這些板塊跌幅較恒指為小而已，本身
仍然屬於弱勢板塊。

　　在無基準的周線輪動圖上【圖1】，例子顯示大部分板塊均處於左
下方的「落後」方格，反映主要趨勢偏弱，對於「寧買當頭起」的趨勢

投資／動量投資（Momentum investing）的投資者來說，看到這個畫面自然知道要忍忍手，等待確認最壞時間過去。

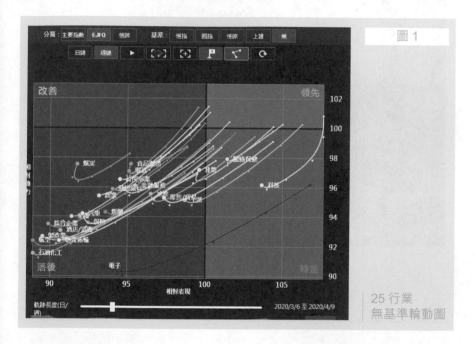

圖 1

25 行業
無基準輪動圖

　　不過，對於較貼市，轉身較靈活的投資者來說，用有基準圖表也有很不錯的參考，用 2020 年 4 月中以恒指為基準的 25 個行業周線輪動圖，可以見到醫療保健、建築及科技均處於「領先」方格中較好的位置，而食品製造、金融服務則有望由「改善」方格進入「領先」方格【圖2】，可參考作為中短線操作機會。

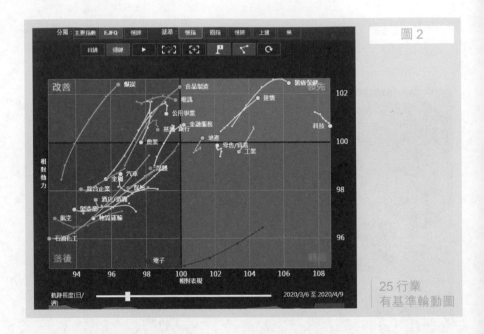

圖 2

25 行業
有基準輪動圖

無基準vs有基準的輪動圖比較

	無基準的輪動圖	有基準的相對輪動圖
比喻	有如跑步時計時，與自己的往績比較	有如賽跑，須與其他跑手（基準）競爭
重點	上升周期的起點一般在輪動圖的左面	領先方格的板塊或股份的表現最好
當處於領先方格時	當一個板塊或股份進入領先方格一段時間，可能已經為上升周期的中後期，投資者反而應提高警覺，加強風險管理，留意技術超買情況，提防高追風險。	如大市處於上升周期的初期，已經處於領先方格的板塊多為較佳的投資選擇

4.5/
RA+周線
與日線齊應用

在第三章我們學過「勢頭能量」及「突破能量」，知道如何判別主要趨勢，以及較短期的突破機會。同樣地，在這個部分介紹的周線輪動圖及日線輪動圖，前者的軌跡走勢可視為主要指數、板塊或股份的主要趨勢，適合中線部署，至於日線輪動圖則適合較短期參考。

以國泰航空（00293）2020 年 2 月 21 日至 4 月 29 日的周線輪動圖（無基準）為例【圖 1】，每點代表一周，顯示了 3 月初日由「領先」方格迅速跌落「轉差」方格，理應提高警覺，做好風險管理，例如有重貨要減磅，無貨勿手多，宜觀望。

假設你能夠在 3 月 6 日當周約 10 元附近減持【圖 2 紅圈】，就避

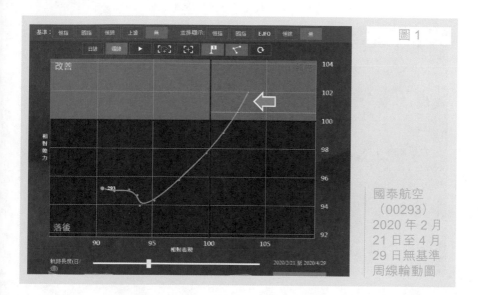

圖 1

國泰航空
（00293）
2020 年 2 月
21 日至 4 月
29 日無基準
周線輪動圖

圖 2

國泰航空
「轉差」後股價
大跌

免了處身危險境地，因為周線輪動圖繼續向順時針運行，並且於 3 月
13 日當周進入最惡劣的「落後」方格，相對表現亦跌至低於 100 水平，
當日國泰股價波動，低見 8.75 元，收報 9.49 元。之後幾周進一步朝向
左下角走，股價最低見 7.56 元，認真避過一劫啊！

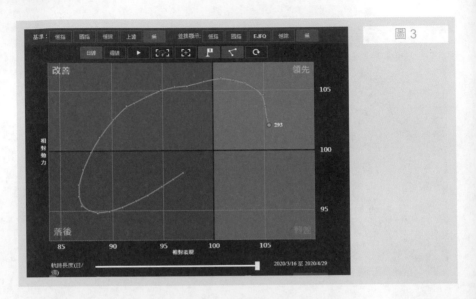

圖 3

很正常的心態來了，你很想在明顯低於你的沽出位，買入國泰作短線博反彈，這個時候日線輪動圖就大派用場了【圖 3】。為國泰於 2020 年 3 月 16 日至 4 月 29 日的日線無基準輪動圖，每點代表一個交易日，4 月 3 日國泰擺脫了「落後」方格，進入「改善」方格，即相對表現改善，向上動力也開始增加，當天收報 8.19 元，可買。輪動圖其

周線輪動圖 vs 日線輪動圖

周線圖	日線圖
提供最近 30 個交易周的數據	提供最近 30 日的數據
觀察大趨勢的開始和結束	早一步找到一個升勢中的領袖股或板塊
找出哪一個板塊或個股為升勢領袖	利用大趨勢中的短期趨勢調整投資策略

後繼續順時針運行，即代表國泰走勢進一步改善，4 月 14 日 10 天線升穿 20 天線【圖 2 藍圈】，股價升至 9.5 元以上，到 4 月 20 日正式進入「領先」方格時，你仍可大概於 9.4 元至 9.5 元之間「食糊」，回報接近 16%。

由於國泰的周線輪動圖反映主要趨勢仍然偏弱，短線博反彈得手便不應該心雄，目標不宜過分進取，緊記國泰只是弱勢股反彈而已。

最後，留意周線輪動圖一進入「轉差」方格，你就要做好風險管理，特別是對於一隻「勢頭能量」紅燈的弱勢股，更加要加倍小心，若果等到跌入「落後」方格才止蝕，可能已錄得相當程度的虧損。相反，對於一隻綠燈強勢股，若周線輪動圖進入「轉差」方格，可能只是升勢中的調整，只要綠燈仍在，又或未有見到「突破能量」連續兩日出現 3 格或以上的紅箭嘴，股價又能守住 250 天平均線，仍可再觀望，不用完全沽出離場。

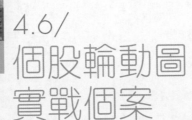

4.6/
個股輪動圖
實戰個案

　　輪動圖相對抽象，不過明白基本概念後，就很客易掌握訊號的意思，用在實戰上並不特別困難。

　　輪動圖的走勢，理論上大概呈圓形，圍繞四個方格走一圈。不過，現實歸現實，當股價顯著波動，很多時個股輪動圖不一定「完美地」走遍四個方格。以頤海國際（01579）無基準日線輪動圖為例，於 2019 年 11 月底處 50 元水平，輪動圖處「轉差」方格，其後於方格內愈走愈深，至 2020 年 2 月初，即兩個月後方進入「落後」方格，此時股價是 47.8 元左右。

頤海周線輪動圖之後表現突然轉強，相對動力呈極強勢姿態，加上相對表現改善，向圖表右上發展，在未有經過「改善」方格下，僅用 4 周穿過「轉差」方格後，於 3 月初進入「領先」方格【圖 1】，股價更於 3 月 11 日見 61.35 元刷新上市高位紀錄。

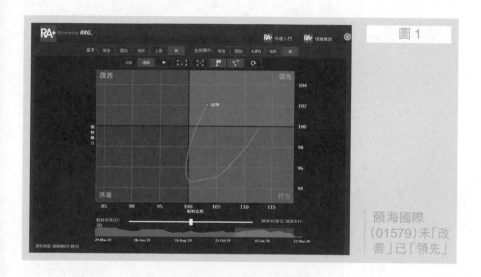

圖 1

頤海國際（01579）未「改善」已「領先」

在此情況下，雖然周線輪動圖由「落後」方格走入「轉差」方格，但不代表走勢轉弱，反而是一個極強姿態。因為軌跡上是以最理想即順時針朝向右上方發展。

如果對於輪動圖走勢猶豫，可配合燈號使用，頤海周線輪動圖在 2 月 21 日由「落後」方格走入「轉差」方格時，系統稍早於 2 月 13 日發出長線綠燈【圖 2】。

一個強力的周線輪動圖右上走勢,再加上綠燈,已有足夠説服力將

展一輪升勢。

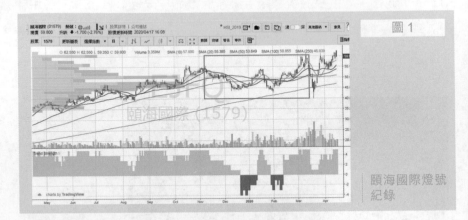

圖 1

頤海國際燈號
紀錄

4.7/
EJFQ
25個行業分類

　　板塊輪動大家已經大概掌握了用法，這裏介紹一下 EJFQ 25 個行業分類及詳細分類，讓你知道哪些熱門股屬於哪個行業分類，各板塊包含股票數目多寡，當中又如何作「詳細行業分類」（資料截至 2020 年 4 月）。

一、航空
　　只是一個細小板塊，僅約 10 隻股份，當中「航空服務」佔 4 隻，包括國泰（00293）、東航（00670）、國航（00753）及南航（01055）；其餘屬於「航空支援及其他服務」，其中較大市值有中銀航空租賃（02588）和中航科工（02357）。

二、銀行

　　銀行股在港股地位舉足輕重，股票數目則只有 38 隻，都屬於「綜合性銀行」，頭五大市值依次是建行（00939）、滙控（00005）、工行（01398）、恒生（00011）及中銀香港（02388）。

三、綜合企業

　　只有 29 隻，較大市值為長和（00001）及中信股份（00267），其次是復星國際（00656）及老牌洋行股太古 A（00019）。另外，新世界發展（00017）旗下的新創建（00659），以及老牌澳門股信德集團（00242）也屬於綜合企業板塊。

四、建築

　　這是一個大板塊，數目超過 200 隻，當中再分「建築」及「建築材料」。頭五大市值依次為海螺水泥（00914）、華潤水泥（01313）、中國建材（03323）、中國建築（03311）及中國聯塑（02128）。值得注意的是，規模緊隨其後的中交建（01800）、中國中鐵（00390）及中鐵建（01186）也歸類為建築板塊，而不屬於基建板塊。

五、食品製造

　　股份超過 100 隻，詳細行業分為「飲品（酒精類）」、「飲品（非酒精類）」、「農產品」、「包裝食品與肉類」，以及「綜合飲食製造」，最大市值是百威亞太（01876），隨後是華潤啤酒（00291）、中國飛

鶴（06186）、萬洲國際（00288）及蒙牛乳業（02319）。

六、金融服務

港股另一大板塊，數目近 200 隻，詳細行業再分為「消費信貸及貸款融資」、「證券及經紀業」、「投資控股及資產管理」及「其他綜合性金融服務」。市值一枝獨秀是港交所（00388），而 2019 年 11 月初才上市的亞太區物流地產平台 ESR（01821）市值亦超過 500 億，再隨後是中資券商股中信証券（06030）及海通證券（06837）。

七、電子

電子板塊股票接近 100 隻，詳細行業再分為「電子消費品」及「電器部件及設備」。頭五大市值是瑞聲科技（02018）、建滔積層板（01888）、建滔集團（00148）、創維集團（00751）及鷹普精密（01286），其餘大部分都是市值較細的股份。

八、工業

公司數目多達 265 隻，詳細行業分為「林業」、「家居耐用消費品」、「工業機械及設備」、「工業用品」、「個人及家居用品」、「造紙、印刷及包裝」、「玩具」和「環保產品及服務」。市值最大是創科實業（00669），其次是恒安國際（01044）、海螺創業（00586）、海爾電器（01169）及中國重汽（03808）、信義光能（00968）及信義玻璃（00868）。

九、基建

　　這個板塊股票數目只有 18 隻，詳細行業分為「公路基建」、「鐵路基建」及「鐵路投資」，最大市值是藍籌港鐵公司（00066）及長江基建（01038），再隨後是深圳國際（00152），其餘大部分為內地公路股。再提提，中交建、中鐵及中鐵建是屬於「建築」板塊。

十、物流運輸

　　股份數目約 68 隻，詳細行業分為「陸運」、「海運」、「海港與服務」及「航空貨運與物流」。首五大市值為：招商局港口（00144）、東方海外（00316）、海豐國際（01308）、嘉里物流（00636）、中遠海運港口（01199）。至於經營九巴的載通（00062）亦屬於物流運輸板塊。

十一、媒體

　　約有 80 隻港股屬於媒體板塊，行業再細分為「廣告」、「影視娛樂」、「出版」及「電視廣播」。閱文集團（00772）、阿里影業（01060）、貓眼娛樂（01896）、星美控股（00198）及匯量科技（01860）。當然，電視廣播（00511）及 IMAX 中國（01970）亦是媒體股。至於主力從事網上購物的香港電視（01137），暫時仍然歸類為媒體股。

十二、金屬

　　股票數目約 82 隻，包括了從事金屬採礦及相關貿易，最大市值為俄鋁（00486），其餘為金礦股、鋼鐵股等。

十三、石油化工

　　約有 81 隻，行業細分為「綜合石油與燃氣」、「石油/燃氣勘探」、「石油/燃氣加工及分銷」、「綜合化工產品」及「石油/燃氣設備及服務」，亦包括油田服務股。石油化工當然以「三桶油」即中海油（00883）、中石油（00857）及中石化（00386）的市值最大。

十四、醫療保健

　　板塊涵蓋近 150 隻港股，詳細行業分為：「醫療保健服務」，市值最大是平安好醫生（01833）；「製藥」，市值最大為翰森製藥（03692）及石藥集團（01093）；「醫療保健設備及用品」，首三大市值為威高股份（01066）、微創醫療（00853）及愛康醫療（01789）；「生物科技」，市值最大是藥明生物（02269）及中國生物製藥（01177）。

十五、地產

　　涵蓋多達 265 隻股份，行業再細分為：「綜合地產」、「地產投資」、「中國房地產」、「物業管理及代理」和「房地產投資信託基金」。首五大市值包括：新地（00016）、中海外（00688）、龍湖集團（00960）、華潤置地（01109）及碧桂園（02007）。近年備受熱捧的物管股以碧桂園服務（06098）及中海物業（02669）的市值最大。

十六、零售/貿易

　　涉及股份約 108 隻，詳細行業分為：「成衣及服飾零售」、「電子

消費品」、「百貨公司」「鐘錶珠寶」、「美容護膚」、「其他零售」及「汽車零售」。以高鑫零售（06808）、中升控股（00881）及周大福（01929）為市值「三甲」。提多一句，要搵 4S 汽車經銷股，就要去零售/貿易板塊。

有接近 120 隻港股歸類為製造業，行業細分做：「紡織及成衣」、「視力產品」、「鞋類」、「其他紡織及成衣」和「體育用品」。首五大市值股包括：安踏（02020）、申洲國際（02313）、普拉達（01913）、李寧（02331）、滔博（06110）。所以不要以為 Prada 是屬於零售股。

十八、科技
科技類股份多達 204 隻，詳細行業分為：「電訊及網絡器材」、「電腦及周邊產品」、「半導體」、「軟件及資訊科技顧問」、「電子商貿及互聯網服務」、「衛星及航天科技」和「綜合科技」。重磅股包括騰訊（00700）、舜宇光學（02382），以及 3 隻「同股不同權」（W 股）的阿里巴巴（09988）、美團點評（03690）和小米（01810）。

十九、酒店/消閒
有 124 隻股票歸類為酒店/消閒，行業再細分為：「酒店」、「食肆」、「旅遊」、「綜合旅遊、酒店及食肆」和「賭場與賭博」。頭五大市值股為：金沙中國（01928）、銀河娛樂（00027）、海底撈（06862）、永利澳

門（01128）及澳博（00880）。老牌股鷹君（00041）有超過一半收入來自酒店業務，故也歸類酒店股。

二十、公用事業

板塊涉及約 75 隻股份，行業細分為：「環保公用事業」、「電力公用事業」、「燃氣公用事業」和「水公用事業」，首五大過千億市值股份包括：煤氣（00003）、中電（00002）、中國燃氣（00384）、電能實業（00006）及粵海投資（00270）。

二十一、保險

只有 14 隻股份，首五大市值股為友邦（01299）、平保（02318）、保誠（02378）、宏利金融（00945）及中國人壽（02628）。另外，也包括從事互聯網保險的眾安在綫（06060）。

二十二、汽車

有 46 隻股份屬於汽車板塊，首五大市值股包括：吉利（00175）、比亞迪（01211）、華晨中國（01114）、廣汽（02238）和敏實集團（00425）。另外，注意德昌電機（00179）、福耀玻璃（03606）、天能動力（00819）亦屬於汽車板塊。

二十三、煤炭

從事煤炭開採及相關貿易都屬於這個板塊，涉及約 31 隻股份，近

500 億市值的中國神華（01088）是行業領袖股，隨後是兗煤澳大利亞（03668）及兗州煤業（01171）。

二十四、農業

只有約 10 隻股份屬於農業股，這些公司主要從事化肥及農用藥劑，最大市值股份是中化化肥（00297）。

二十五、電訊

電訊服務板塊約有 19 隻股份，中移動（00941）是當中的巨無霸，市值近 1.3 萬億元、遠遠拋離第二位只有約 1600 億的中聯通（00762），隨後的有香港電訊（06823）、中國鐵塔（00788）、中國電信（00728）、電訊盈科（00008）等。

其他

至於未有歸類為上述 25 個行業板塊的股份，「精明選股」在行業中會列為「其他」，股份數目約 281 隻，當中細分為「殯儀服務」、「基金」、「交易所買賣基金」（ETF）及「綜合支援服務」。其中 ETF 佔了 180 隻，值得留意是綜合支援服務，當中包括的大部分均為教育股，其中最大市值是新東方在線（01797）及中國東方教育（00667）。

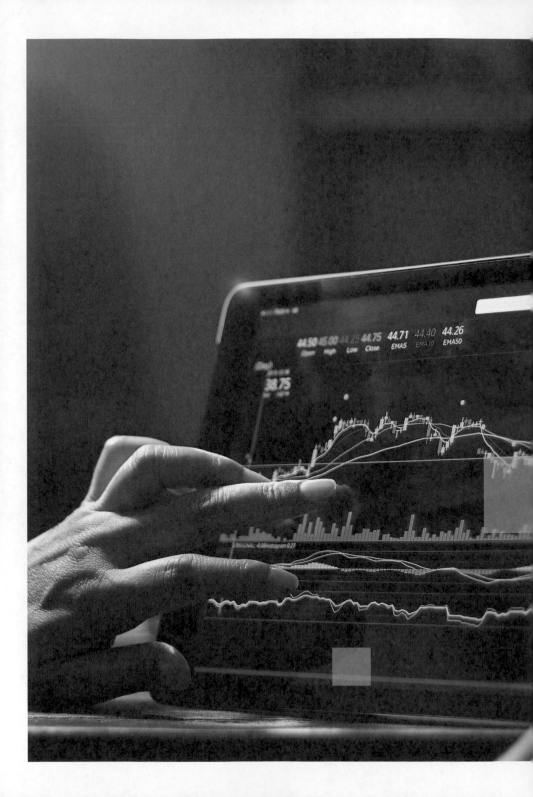

CHAPTER 5

估值股價「主人與狗」

正如經濟循環一樣，股市很多時都是盛極而衰，否極泰來。輪動分析（RA+）把指數、板塊，以至個股，以圖像化展示趨勢軌跡，了解目前表現是領先抑或落後；動力是改善還是轉差，助你知道何時留意機會，何時要加強風險管理。

TA+ RA+ FA+

5.1/
FA+直達
專業投資者思維

專業投資者着重公司基本面分析,正所謂「有麝自然香」,所以未
有獲券商分析員給予投資評級的公司,一般都不會被專業投資者看上,
亦反映這些公司可能透明度較低,又或行業地位不高。因此,我們強
調,即使股票出現轉強「勢頭」(能量勢頭或突破勢頭),也必須配合
FA+ 的基本面分析資料,才能判斷股份是否值博。

EJFQ 跟美國上市的財經資訊數據供應商 FACTSET 合作,推出
FA 加強版(FA+),利用簡單易明的圖表,為用戶提供專業盈利數據、
券商觀點、估值區間,以及股權資料,令用戶有效掌握及參考基本分析
範疇。

以上所講的 FA+ 內容,用戶登入網站後,就可以在「股票詳情」

中看到。

FA+ 的四大基本分析範疇：

盈利數據：包括過往盈利比較、盈利預測走勢
券商觀點：包括目標價、評級
估值區間：包括市盈率（Price-to-Earning Ratio，P／E）、
*　　　　　市銷率（Price-to-Sales Ratio，P／S）、*
*　　　　　市賬率（Price-to-Book Ratio，P／B）、*
*　　　　　股息率*
股權資料：股權分布及持股變動

截至 2020 年 3 月底，全港大概有 2500 間上市公司（不包括
交易所買賣基金 ETF），近七成八股份並沒有獲得券商報告覆蓋，
故此沒有盈利預測數據，剩下獲券商分析員給予投資評級的只有約
570 隻股份，基本上已篩走投資價值不高又或者說透明度不高的股
份。

FA+ 資料未能完整地提供，原因可能如下：

- 因市值或其他因素致使沒有分析員對其業績作出分析及預測。
- 上市時間不足 3 年而未能提供足夠數據。

- 公司業績曾出現或預計出現虧損而未能計算市盈率。

- 部分數據不適用於某些行業，例如市銷率不適用於銀行及保險業等公司。

準備好沒有？以下我們分別會詳細介紹 FA+ 的基本分析範疇。

勢在
必行　活用全方位
　　　價值趨勢信號

5.2/
券商觀點：
平民版專業平台

　　券商觀點中主要包括目標價及評級，這個功能除了按個股整理不同
券商在不同時段的平均目標價及評級外，更包括了完整的券商數據。

　　你可能會問：每日大大小小的報紙、財經節目，網站新聞都會報道
或者披露券商目標價及評級，那這項功能又有什麼獨特之處呢？

　　基本上，一般散戶都只能靠以上渠道，知道部分比較大型，或者比
較多人想知的券商觀點，特別是個別外資大行，並未有機會接觸專業平
台如彭博數據（Bloomberg）。

　　以吉利汽車（00175）為例，根據 FACTSET 提供數據，截至

2020 年 4 月一共有 35 間券商給予吉利目標價和評級，但若果你上網搜尋一下，來來去去只會提及幾家「大行」，如果全面想參考目標價及評級，基本上是沒有的。

在 FA+ 的目標價及評級的圖表內，綠色部分代表券商給予個股「買入／增持」的評級；灰色代表「持有」，紅色代表「沽出」或「減持」，最近期一組數字跟最右邊的一組數相同，代表了最近給予相關評級的券商分析員數目【圖 1】。

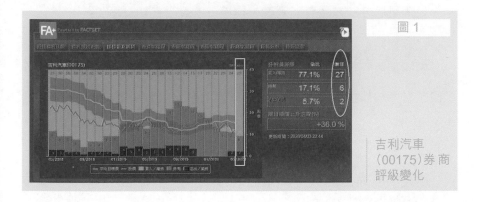

圖 1

吉利汽車（00175）券商評級變化

至於藍色線是代表綜合所有券商數據後的平均目標價，包圍藍色線的陰影區間，顯示了平均目標價的正負一個標準差；灰色區間的闊度愈大，代表券商目標價分歧愈大，而橙色線代表股價表現。

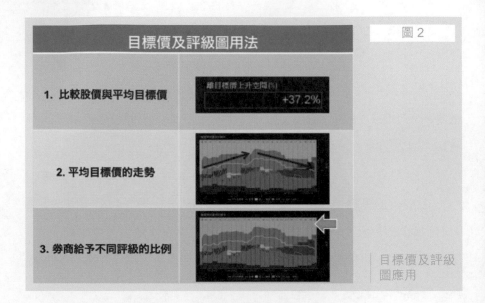

目標價及評級圖用法

圖 2

1. 比較股價與平均目標價

離目標價上升空間(%)
+37.2%

2. 平均目標價的走勢

3. 券商給予不同評級的比例

目標價及評級
圖應用

我們可以分三方面參考圖表，再將三者配合使用【圖 2】。

例如某隻股票的股價一直較平均目標價為低，每當股價升至平均目標價左右後，都會遇到沽壓回調，日後再遇上類似情況，投資者就要留意了。

相反，我們用中華煤氣（00003）做例子，從 2018 年下半年至 2019 年底，股價一直都高於券商的平均目標價，在券商沒有明顯調整評級及目標價下，當股價跌至接近平均目標價時候，即刻出現買盤回升【圖 3】。

176

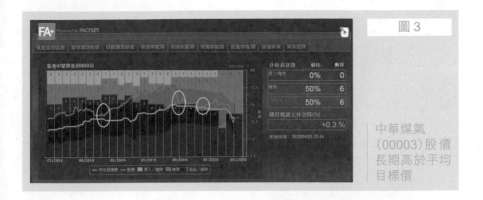

圖 3

中華煤氣
（00003）股價
長期高於平均
目標價

　　由於每隻股票對於券商平均目標價和評級的反應都不同，所以用戶應該根據個股的表現作分析。

5.3/
兩圖掌握
盈利預測

先講 FA+ 的第一大範疇：盈利數據，一般來說我們可以透過一間
上市公司的每股盈利（EPS）來了解它的盈利狀況。

EPS（每股盈利）＝ E（股東應佔溢利）／ S（普通股股數）

由上述公式，假設普通股股數不變，股東應佔溢利愈大，每股盈
利亦都會愈高。一般來說，每股盈利愈大，對股價表現會有正面影響，
FA+ 的「過往盈利比較圖」，顯示過去 5 年業績計算出來的每股實際
盈利，以及券商對包括過去 5 年及未來兩年，即一共 7 年的每股盈利
預測【圖 1】。我們可以透過三方面利用圖表。

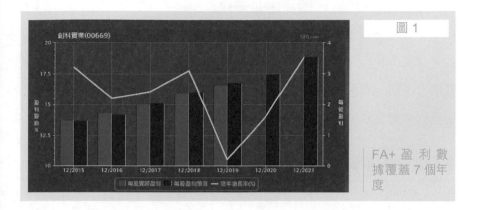

圖 1

FA+ 盈利數
據覆蓋 7 個年
度

一、比較每股實際盈利跟每股盈利預測，即藍色跟紫色差距。

透過比較每股實際盈利以及每股盈利預測，可以推斷股價在業績公
布後的反應。在一般情況下，每股實際盈利大於每股盈利預測，即代表
業績優於預期，理應對股價有利。當每股實際盈利與預測相若，即業績
符合預期，那要視乎市場如何解讀，可能對股價有利或不利。至於當每
股實際盈利比預測低，即業績差於預期，一般來説會對股價不利。

二、觀察每股盈利預測按年變化，即紫色跟紫色比較。

觀察每股盈利預測按年變化，券商對上市公司進行基本因素評估
後，會對公司盈利作出預測，券商如果看好公司未來的盈利能力，就會
調高盈利預測，而每股盈利預測按年上升，一般來説會對股價有利。

三、留意盈利變動，即黃色線變化。

　　已公布業績的年份，黃色線反映實際盈利增長速度，而未公布業績的年份就反映預測盈利的增速。在一般情況下，如黃色線向上，斜率比較平坦，即代表盈利平穩增長；相反，當黃線向下，斜率比較斜，即代表盈利急速下跌，或者盈利增長明顯放緩【表】。

每股盈利按年變動分析

指黃線	斜率	盈利表現
向上	較平坦	平穩增長
	較斜	急速增長
向下	較平坦	溫和減慢
	較斜	急速下跌

　　盈利數據的第二個分項是「盈利預測走勢」（大家可以留意不同股份所指的年份會有不同），如果盈利預測走勢突變，即反映券商顯著調整看法。

　　以萬洲國際（00288）為例，公司在 2020 年 3 月公布全年業績，分析員大幅上調盈利預測，股價亦隨即有所上升。用戶亦可點擊橫軸的 E 字標示，就可以了解相關事件的詳情【圖 2】。

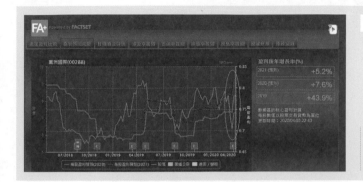

圖 2

「盈利預測走勢」圖可點擊橫軸標示

5.4/
估值區間
看平貴

FA+ 內包括 4 款不同估值區間圖，分別是市盈率、市銷率、市賬率及股息率【圖 1】。由於買賣股票一般都是考慮前景，所以以下分析的估值都是用未來 12 個月數據計算。

估值	運算公式
市盈率	**預測市盈率 = 股價/往後12個月每股盈利** 每股盈利=股東應佔盈利/普通股股數
市銷率	**預測市銷率 = 股價 / 往後12個月每股銷售收入** 每股銷售收入 = 營業額/普通股股數
市賬率	**預測市賬率 = 股價/往後12個月每股淨資產** 每股淨資產 = 賬面值/普通股股數
股息率	預測股息率 = 往後12個月股息 / 股價 x 100%

圖 1

FA+ 4 款不同
估值區間圖

　　4 個區間圖的參考方法大同小異，要留意不同類別的股票，應要參考不同的估值區間圖。

　　一般股票應參考市盈率（PE），一些增長股及對經濟周期敏感的股票就要參考市銷率（PS），要留意由於銀行股及保險股並沒有銷售數據，因此市銷率並不適用，這類股票你應該參考市賬率，至於公用、日常消費品、房地產信託基金（REITs）、地產收租股可以參考股息率。

　　估值區間圖主要分為 3 個部分：

1. 橙色線是股價。

....

2. 白色線代表估值的中位數，以股息率區間圖為例，白色線拾級而上，代表公司在過去數年都能夠持續增加派息。

....

3. 白色線上方區間（藍色）代表距離中位數 +1 及 +2 標準差，正標準差愈大，代表估值愈高。白色線下方區間（紫色）代表距離中位數 -1 個及 -2 標準差，負標準差愈大，估值便愈低。

....

　　至於中位數和不同標準差所代表的數值是多少，大家可以留意圖下方的註解。一般來說，當估值偏離中位數愈多，代價股價有愈大的機會轉勢。

　　經常聽人説，市盈率低即估值便宜抵買，那究竟估值是否愈低愈好呢？

首先，利用一個絕對數值例如 2、5、10 來衡量估值屬於高或低是沒意思的，我們應該參考估值的歷史軌跡，即是將估值跟過往表現比較，以了解目前估值是屬於一個合理水平，還是跟過往表現非常不同。

以廣汽集團（02238）為例，根據過往經驗，當股價急升導致估值偏高，即圖內橙色線進入深藍色區間時，即刻有回調壓力，將來若再出現類似情況，投資者應加倍留意【圖2】。

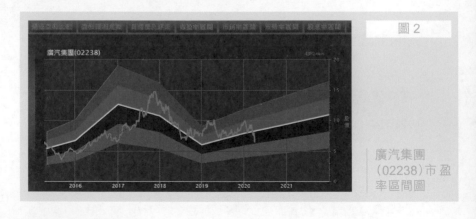

圖2

廣汽集團
（02238）市盈
率區間圖

相反，估值便宜不代表值博，因為有些股份估值長期偏低惟股價也不會明顯上升。投資者要留意，很多時一些估值長期偏低的股票，反映基本因素有問題，需要作更加詳盡分析。試想一下：一隻好的股票，沒理由長期估值偏低但卻沒有人發現到吧？

因此，投資者當然不能單憑估值高低作買賣決定，還要留意其他基本因素分析，以及配合技術分析。

CHAPTER 5

估值股價「主人與狗」

5.5/
大行目標
全面透視

買賣股票除了睇年報，獲得企業最新消息外，也會參考投行報告，每份報告一般會透過自製財務模型，評估研究對象（即上市公司）估值財務情況，繼而向投資者推介買賣建議。

若投行首次研究該企業，通常報告會較為詳細，包括行業情況、股權結構及預期財務情況等等。除了特殊情況，大行一般都會給予研究對象目標價及投資評級，整體上股份投資評級分別有三級，分別為「買入」或「增持」、「中性」或「持有」、「沽出」或「減持」。

不過，過別投行會細緻地將股份劃分五個等級，分別為「買入」、「跑贏大市」、「中性」、「跑輸大市」及「沽售」，讓投資者更加清

晰，其中里昂及大和便是把評級分為 5 個等級。

在 FA+ 功能中，設有目標價及評級選項，該選項是統計市場上分析員對每隻股份「買入」或「增持」、「持有」、「沽出」或「減持」數目及比例，以及與目標價距離（以上升空間 % 顯示）【圖 1】。

以 2020 年 1 月 31 日舜宇光學（02382）為例，45 個分析員有 38 位給予舜宇「買入」或「增持」評級，市場平均目標價為 138.16 元，比當日收市價 126.7 元仍有 9% 升幅。

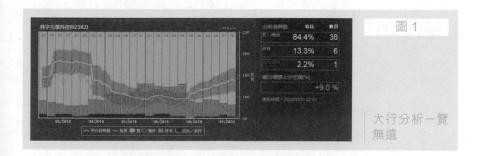

圖 1

大行分析一覽無遺

值得留意的是，過去 5 年舜宇實際盈利高過預測多達 3 次【圖 2】，意思即是業績較有機會比市場預期佳，故此股價與目標價較吻合。因此，藉 FA+ 不同的功能，可以對個股的盈利表現有更深入的掌握。

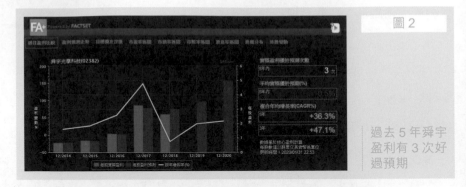

圖 2

過去 5 年舜宇
盈利有 3 次好
過預期

　　另外,以工行(01398)舉例,以 2020 年 1 月 31 日收市價 5.22 元,當時市場上合共有 25 名分析員關注工行,其中 18 位分析員給予「買入」或「增持」評級,僅 7 位分析員給予「持有」評級,反映市場對工行股價看法傾向樂觀。

　　當時市場給予工行平均目標價為 6.86 元,比收市高 31.4%,表面上似乎股價大有機會上升,但翻查過去 5 年實際盈利優於市場預期次數,僅 1 次高過預期,亦即業績高過市場預期機會不大,或是形成目標價長期遠高股價的主要原因。

大行目標價與股價應用貼士

1 · 目標價長期高於股價,或反映分析員看法過分樂觀。
2 · 留意顯示的目標價分布(+/- 若干個標準差)可反映分析員在估值方面的分野。
3 · 目標價趨勢宜與盈利預測走勢一併參考。

5.6/
騰訊估值
區間實戰篇

已故德國股神科斯托蘭尼（Kostolany）最為人所知的是以「主人與狗」來形容股市與經濟的關係。他提到，主人就是經濟，狗則是證券市場，有時候股市走得太前，升得過急，偏離了實際經濟情況，但最後都會力竭，回到主人身邊。

「主人與狗」同樣也可被理解為公司的價值與股票價格之間的關係，股票當前的估值過高，嚴重偏離過去平均水平，往後回調壓力亦會較大；相反，估值過於低殘，即狗墮後於主人愈遠，之後稍有利好消息，估值便會趕上。

所以，對於中長期操作，股市或一隻股份是否超買／超賣，便需要

有效審視估值區間，包括以預測市盈率、市賬率、市銷率及股息率為參考。以騰訊（00700）做例子，2018 年 1 月底恒生指數升至 33484 點歷史新高，當時作為大市火車頭的騰訊，估值已經相當昂貴，其中預測市銷率升至較過去預測市銷率平均中位數高出超過兩個標準差（深藍色區域頂部），回調壓力甚大，最後終於見頂回落【圖 1】。

騰訊其後由高位 476 元反覆回落至 2018 年 10 月尾 252 元水平，以預測市銷率為參考，已跌至中位數 8.5 倍低兩個標準差（即紫色區域底部），估值水平已相當低，負面因素已盡反映，股價最終隨市場氣氛好轉而反彈。

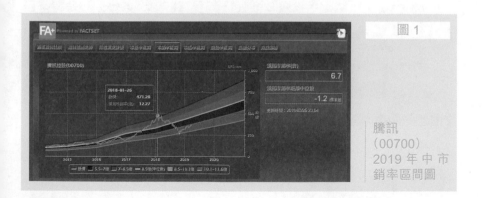

圖 1

騰訊
（00700）
2019 年 中 市
銷率區間圖

好了，到 2020 年 3 月，我們再從最新的預測市銷率區間圖，發現 2018 年股價跌至 250 元附近，並不是上述所說的低中位數兩個標準差，而是只低一個標準差【圖 2】，究竟為什麼會出現這個情況？

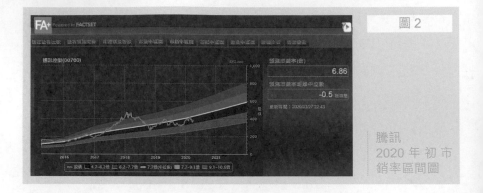

圖 2

騰訊
2020 年 初 市
銷率區間圖

　　其實很易理解，騰訊近年來收入增長及盈利增長速度都較早年放緩，於是預測市盈率和預測市銷率的平均中位數因而已被拉低，在 2020 年的預測市銷率區間，中位數顯示的是 7.7 倍，已較 2018 年顯示的 8.5 倍為低，所以當年股價 250 元，較現在的中位數是低一個標準差了。

　　所以，我們不能夠草率地說：「每當發現騰訊預測市銷率跌至較中位價低一個標準差，股價就快將作出反彈。」明白未？

5.7/
學彼得林治
活用PEG

　　PEG 全寫為「price earnings to growth ratio」，中文即是「市盈率相對盈利增長比率」，一般簡稱為「市盈增長率」，是市盈率除以每股盈利增長速度得出數值。

$$PEG=PE \div （EPS\ 增長率）$$

　　PEG 最先由英國投資大師史萊特（Jim Slater）提出，後來由美國投資大師彼得林治（Peter Lynch）發揚光大。

　　曾經被《時代雜誌》評為首席基金經理嘅彼得林治，於 1977 至 1990 年管理的「麥哲倫基金」（Magellan Fund），在 13 年間基金

規模由原先 2000 萬美元大幅增長到 140 億美元，平均每年回報達 29.2%，成為當時全球最大互惠基金。彼得林治在投資成績與影響力，幾乎無人能及。彼得林治現年已 76 歲，更已退休多年，但投資者仍然參照他過往定下標準選股，甚至有所謂「Peter Lynch value」去為股票進行估值，而 PEG 概念亦是其中之一。

整體來說，PEG 主要是尋找高增長公司中被低估的股票。PEG 愈高代表企業愈可能被高估，風險較高，不建議買入；相反，PEG 愈低，代表公司股價愈有可能被低估，值得考慮買入。

彼得林治曾言，最理想投資對象，PEG 應該低於 0.5，PEG 在 0.5 至 1 之間，是安全範圍，高過 2 屬高風險【表 1】。

PEG衡量估值　　　　　　　　　　　　　　　　　　　　　表 1

PEG 值	股票價值評估
0-0.5	相對低估
0.5-1	相對合理
1-2	相對高估
>2	高風險區

以下例子有 3 隻股票，A 公司 PE 是 50 倍，未來 1 年盈利增長率估計 100%，於是就把 50 除以 100，即係 0.5 倍；雖然 C 公司 PE 是

3 隻股票最低，但 PEG 就最高，所以估值未算吸引【表 2】。

PEG相對PE評估公司估值　　　　　　　　　　　　　　表2

公司	市盈率（PE）	盈利增長率	PEG	評估
A 公司	50	100%	0.5	抵買
B 公司	40	40%	1	估值合理
C 公司	30	15%	2	估值昂貴，風險較高！

市場普遍會用過去 3 年的歷史增長率，再配合未來一年預期增長率，得出平均數，用作計算 PEG，也有用往績市盈率及未來 3 至 5 年的「預期盈利年複合增長率」來計算 PEG。

EJFQ 計算的預測 PEG 比率，是以 FA+ 提供預測市盈率，除以兩年預測盈利增長率所得出來，讓投資者找出合乎彼得林治選股法則中的心水股。

5.8/
用行業 PEG 排名
比高低

　　近年投資者追逐增長,透過 PEG 分析股票愈來愈盛行,EJFQ
系統亦設立上述分析,根據股票行業進行分類和 PEG 排名,當中有
PEG 值的股票都會有排名名次,方便用家與同一行業的其他股票進行
比較。

　　假設有 4 隻地產股有預測 PEG 比率,「地產股 A」的預測 PEG
比率在地產行業中最低(即估值在行業中最被低估/便宜),所以其排
名為 1 / 4;「地產股 C」的預測 PEG 比率則為行業中最高(即估值在
行業中最昂貴),所以排名為包尾的 4 / 4【圖 1】。值得一提的是,
每個行業的股票,只會跟相同行業的其他股票進行排名,確保不受行業
因素影響。

	預測PEG比率(兩年)	預測PEG比率(兩年)行業排名
地產股A	0.8	1/4
地產股B	1.87	3/4
地產股C	3.1	4/4
地產股D	1.09	2/4
銀行股X	1.52	2/3
銀行股Y	8.1	3/3
銀行股Z	0.56	1/3

圖 1

相同板塊
PEG 排名

不過，以下 4 種情況，系統不會有 PEG 數據預測：

1. FACTSET 未有提供股票資料。
2. 分析員沒有對股票作出任何盈利預測（某程度反映企業欠缺透明度及行業地位較低）。
3. 剛過去財政年度未有錄得盈利，例如虧損數年的思捷環球（00330），或是未有盈利甚至未有收入的生物科技股）。
4. 分析員預測該股票的盈利將會連年下跌（即盈利出現負增長）。

運用 PEG 方面，有個別分析認為，PEG 難以適用於周期性舊經濟行業，因容易造成誤差。不過，上述分析太片面，因預測未來兩年 PEG 有助洞悉行業復甦，從而找出復甦概念股。當然，PEG 只是參考，應配合其他估值互相配合運用。

例如內地汽車 4S 股永達（03669），於 2020 年 1 月初當時預測

PEG 行業排名時於 8 間中排第一【圖 2】，當時預計市盈率 4.7 倍，低於中位數 0.9 個標準差。相反，對手中升（00881）當時預測 PEG 行業排名第五【圖 3】，預測市盈率為 9.7 倍，高過中位數 0.5 個標準差，反映當時永達值博率比中升更吸引。

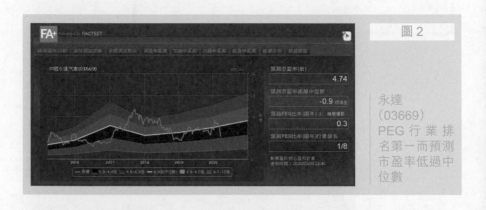

圖 2

永達
（03669）
PEG 行業排名第一而預測市盈率低過中位數

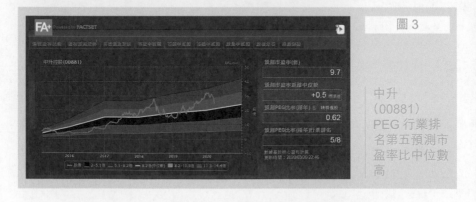

圖 3

中升
（00881）
PEG 行業排名第五預測市盈率比中位數高

同類的正通（01728），由於 2018 年盈利增長跌 12.4%【圖 4】，
加上市場估計盈利將進一步倒退 23.1%，故 PEG 分析未能用於該股上。

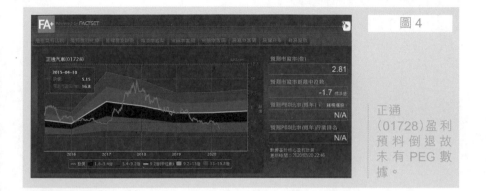

圖 4

正通（01728）盈利預料倒退故未有 PEG 數據。

5.9/
基本分析
評分F-score

年報分析十分費時，一般投資者往往未必捉到當中重點。有沒有想過可以透過一個簡單的計分法，就可以分辨基本面比較好的股票呢？

皮爾托斯基分數 Piotroski F-Score（簡稱 F-score）是用以篩選基本質素較佳的選股策略，透過歷史數據測試企業在盈利能力、財政實力和經營效率三大準則範疇，以 9 個指標評估企業財政狀況的基本面是否健康：

一、盈利能力
1. 資產回報率為正數（ROA > 0）
2. 經營現金流為正數（Cash Flow from Operation CFO > 0）

3. 本年度資產回報率高於一年前（ROA increasing）

4. 經營現金流高於同期盈利（CFO > NI）

二、財政實力
5. 長債佔總資產比率回落（LT Debt to Total Asset decreasing）

6. 流動比率上升（Current Ratio increasing）

7. 發行股票量沒有增加（No Share Outstanding increasing）

三、經營效率
8. 毛利率上升（Gross Margin increasing）

9. 資產周轉率上升（Asset Turnover increasing）

　　上述 9 項指標準則每項達標便給予 1 分，得分加起來便得出 F-Score 評分，得分愈高的企業，代表其財務質素的基本面愈佳、愈健康；反之亦然。

　　因應各企業的財政年度各有不同，F-Score 評分會計算企業最近 12 個月的財務狀況。在計算每間企業的數據時將使用其最新公布的全年或半年數據。如果最新公布的為全年報告，計算時將使用全年報告的數值；當最新公布的為中期報告時，將使用上半年度數據，再加上一個財政年度的下半年度數據。此計算方法令每間公司的 F-Score 評分都是用 12 個月的數據作比較，確保充分反映公司在過去 12 個月的表現。

所以，股價與 F-score 並非互為因果，F-score 是以往績為主的財
報質素參考。

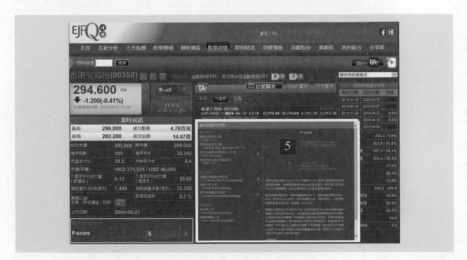

用 F-Score 有三點要注意

1 · 不適用於銀行及其他財務機構。

2 · 部分企業由於資料不足,無法計算 F-Score,比如只有一年
中期業績的半新股,無法計算過去 12 個月的資產回報率。

3 · F-score 是一個財務質素參考,不能單以 F-score 高低決定
股票的好壞。高 F-score 股票非必賺,比如電力板塊是「高
分常客」,華電(01071)截至 2019 年中和年底的 F-score
分別為 8 分和 7 分,2019 年股價卻下跌 16%。科網龍頭騰
訊(00700)截至 2019 年中和年底的 F-score 分別為 4 分
和 3 分,2019 年股價則升兩成。

5.10/
核數師報告
避地雷

　　投資無非是想為資產增值，最好愈滾愈大，但宣傳片都有講投資有風險，問題是要點樣避免踩地雷。

　　每間上市公司每年都會公布業績，本港上市企業慣常一年兩次派成績表，即中期或全年業績，作為全球主要金融市場，為慎防企業捐窿捐罅埋地雷出蠱惑，故港交所要求每盤大數都要搵核數師用 X 光眼來驗證。

　　正常情況下，核數師詳細驗收後，無事無幹「一剔過」順利過關，核數師會發「無保留意見」五個大字，可解讀為印咗 Q 嘛，即盤數理應穩陣可靠，投資者可放心投資。

不過，一旦核數師發出負評，意思即係在財報上印有「非標準報告」，當中包括「保留意見」、「無法表示意見」，甚至係「否定意見」，投資者便要打醒十二分精神，因為盤數可能出咗唔少問題，尤其由 Big4 以外一間中小會計師行路人甲發的「非標準報告」，投資者更加要小心，因為盤數好大機會有輄輄，亦即強烈暗示小心地滑！

另外，2019 年 5 月底港交所諮詢總結，一旦核數師給予「無法表示意見」或「否定意見」的財政報告，該股份就必須停牌，除非用於無法表示意見或否定意見只牽涉持續經營問題，或業績前已解決核數師發出非標準意見相關問題除外。

在 EJFQ 系統中，每間公司的股票詳情頁面當中，都會顯示核數師對財報是否有「非標準報告」，「股票詳情」板面就會顯示黃色警號標示【圖】，提醒投資者要小心該間上市公司財報已被核數師給予負評。

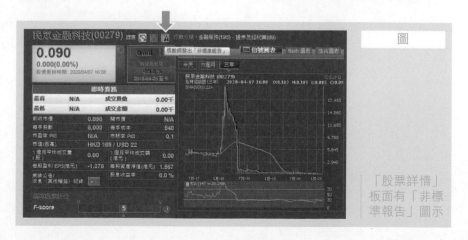

「股票詳情」板面有「非標準報告」圖示

　　另外，在 EJFQ 系統透過精明選股篩選股票過程中，亦可在一般選項中，在核數師發出「非標準報告」選欄內，可以選擇「沒有」選項，意思即是在篩選過程中，踢走被核數師「負評」的股票，以減少誤中地雷的風險。

勢在
必行

活用全方位
價值趨勢信號

5.11/
CAGR衡量長線
盈利表現

　　在基本分析範圍中，「複合年均增長率」又或稱「年複合增長率」
（CAGR, Compound Annual Growth Rate）的概念很重要。

　　我們常聽專家説，買股票要揀有往績紀錄的公司。CAGR 就是用
來反映一間公司能否持續壯大的指標，解釋了一段時間內的年回報率，
是買入持有的穩陣派投資者相當看重的數據。

　　所以，我們不要單看最近一年的盈利表現，「年增長率」只是一個
短期概念，從一間公司或產業的發展看，可能處在增長期或爆發期，單
一年增長的變化可以很大，但如果以 CAGR 衡量，又或再加進未來一
兩個年度預測數據，因為是在長期時間基礎上計算的，所以更能反映公

210

司或產業的增長潛力和預期。

年複合增長率公式：

年複合增長率 = （現有價值／基礎價值）^（1／年數）- 1

現有價值（Ending value, EV）是指你要計算的某項指標本年度的數目

基礎價值（Starting value, SV）是指計算的年度上一年這項指標數據，也就是前一年

舉個例子：

A 公司 2017 年全年盈利由之前一年的 1.2 億元增至 1.62 億元，即按年增長了 35%；2018 年盈利按年倒退 8.2%，降至 1.487 億元；2019 年盈利增長 24.8%，去到 1.86 億元。

平均增長率為：（35% - 8.2% + 24.8%）／ 3 = 17.2%

若以 CAGR 計算，即每年以上一年增長後的總數作為下一年計算的基數，以上述例子，得出的 CAGR 為 15.7%。換句話說，CAGR 平滑了增長率曲線，不會為短期回報的波動而迷失。

透過 FA+ 的「過去盈利比較」，我們可以見到中國平安（02318）5 年的 CAGR 為 24.7%【圖 1】。

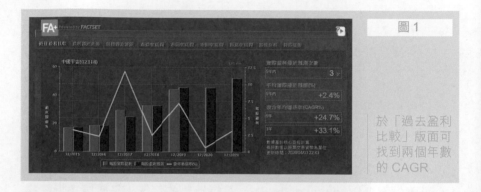

圖 1

於「過去盈利
比較」版面可
找到兩個年數
的 CAGR

另外，在系統「精明選股」中的「EJFQ 加強版」分類中，提供了核心盈利和營業額過去 3 年及 5 年 CAGR 選項。

根據系統截至 2020 年 4 月的數據顯示，核心盈利 5 年 CAGR 高於 20% 的較大市值股份包括：騰訊（00700）、中國平安、碧桂園（02007）、融創（01918）、安踏（02020）、中國燃氣（00384）、舜宇光學（02382）、太古地產（01972）、華潤啤酒（00291）、吉利汽車（00175）、石藥集團（01093）、海螺水泥（00914）等。

onor

the
raged

United

...ng economies' 2...
...se on previous year

to other emerging economies

to US

40
30
20
10
0

2003   04   05   06   07
Source: Credit Suisse   *The Economist's estimate

Getting better
Conversion efficiency, %

— Multijunction   — Crystalline silicon
   concentrators
Thin-film techn...

— CIGS

30
20
10
0

76 80   85   90   95   2000 04

...e: National Renewable Energy Laboratory

04

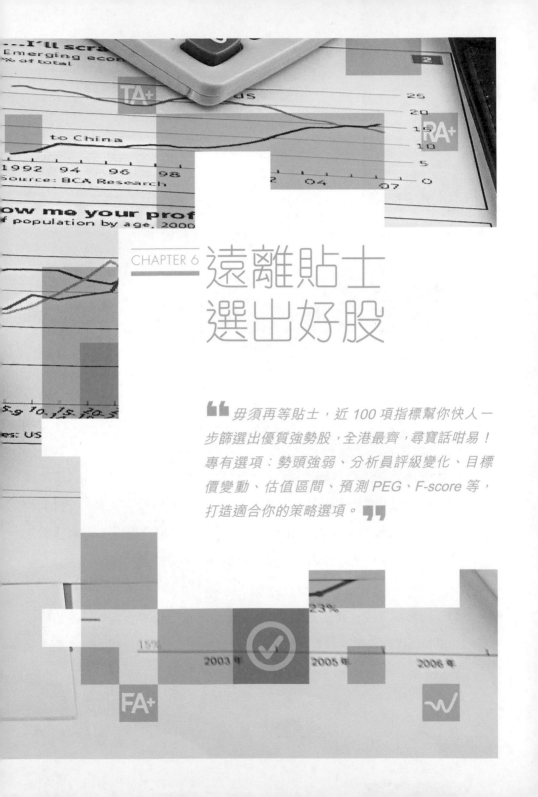

CHAPTER 6

遠離貼士
選出好股

"毋須再等貼士,近 100 項指標幫你快人一步篩選出優質強勢股,全港最齊,尋寶話咁易! 專有選項:勢頭強弱、分析員評級變化、目標價變動、估值區間、預測 PEG、F-score 等, 打造適合你的策略選項。**"**

6.1/
98選項
篩出心水股

　　你是如何找想買的股票？還是在隨機地看報紙股評、財演擂台推介？不是吧，你知道這是很粗陋的方法。在成熟的股票市場，投資者利用 Stock Screener 即股票篩選工具來揀股，已經很普遍，利用客觀數據進行比較。你也應該何不今天起習慣用大數據篩選。

　　「精明選股」篩選選項分為四大類：一般；基本分析；技術分析；EJFQ 加強版選項。截至 2020 年 4 月底提供的篩選選項多達 98 個。

一、一般

▼ 一般						已經點選0選項
市場／指數分類	行業分類	詳細行業分類	市值	營業額地區分佈	最近股份回購日	最近董事增持日
任何	任何	任何	任何	任何	任何	任何
最近盈喜／盈警日	上市日期	業績公告日	EJFQ勢頭	EJFQ突破	警號	核數師發出「非標準報告」
任何	任何	任何	任何	任何	任何	任何

其實一點也不「一般」，特別是系統主打的「勢頭能量」轉強／轉弱；公司在過去某段時間是否有回購或股東增持；「業績公告日」本周、下周、本月……；有沒有「警號」，包括成交額不足、經常急跌及核數師發出「非標準報告」。

二、基本分析

▼ 基本分析						已經點選0選項
市盈率	市賬率	市現率	股價與每股現金流比率	去年盈利增長	股息率	資產回報率
任何	任何	任何	任何	任何	任何	任何
股東權益回報率	流動比率	速動比率	淨負債權益比率	毛利率	經營利潤率	淨利潤率
任何	任何	任何	任何	任何	任何	任何
淨息比率	3年歷史PEG	5年歷史PEG	F-Score			
任何	任何	任何	任何			

別以為好像坊間的選股器，都是往績市盈率、市賬率及股息率這些「大路」選項。找好股最好睇埋股神畢非德很看重的股東權益回報率（ROE），其他重要財務指標或數據包括：淨負債比率、股價與每股現金流比率、毛利率、經營利潤率、歷史 PEG、F-Score 等。

三、技術分析

▼ 技術分析　　　　　　　　　　　　　　　　　　　　　　　　　　　　已經點選0選項

最新成交股數	5個月平均成交股數	即日成交比率	5天成交比率	最新成交額	5天平均成交額	20天平均成交額
任何	任何	任何	任何	任何	任何	任何
啤打系數	5天線 / 10天線	10天線	20天線	50天線	100天線	150天線
任何	任何	任何	任何	任何	任何	任何
200天線	250天線	20天高位應	20天低位	準高位應	1個月相對恒指升跌	3個月相對恒指升跌
任何	任何	任何	任何	任何	任何	任何
6個月相對恒指升跌	半年相對恒指升跌	3年相對恒指升跌	半年至今股價表現	去年股價表現	活躍比率	價格變動
任何	任何	任何	任何	任何	任何	任何
連升/跌數	日線RSI(14)	周線RSI(14)	日線MACD突破	周線MACD突破	保力加通道 %b	
任何	任何	任何	任何	任何	任何	

　　應該可以滿足圖表派所需，因為「精明選股」提供的都是即市數據，包括：升穿/跌穿不同組合的平均線、相對恒指升跌、20 日高低位、即市成交比率、日線/周線 RSI、MACD 突破、保歷加通道 %b 等。

四、EJFQ加強版選項

▼ EJFQ 加強版選項　　　　　　　　　　　　　　　　　　　　　　　　已經點選0選項

市盈率區間	市銷率區間	市賬率區間	股息率區間	離目標價上升空間	核心盈利增長上一年度	核心盈利增長一本年度
任何	任何	任何	任何	任何	任何	任何
核心盈利增長一下年度	核心盈利過去3年CAGR	核心盈利過去5年CAGR	營業額增長上一年度	營業額增長一本年度	營業額增長一下年度	營業額過去3年CAGR
任何	任何	任何	任何	任何	任何	任何
營業額過去5年CAGR	本年度盈利預測(較一周前)	半年度盈利預測(較兩周前)	下年度盈利預測(較一周前)	下年度盈利預測(較兩周前)	目標價變動(較一周前)	目標價變動(較兩周前)
任何	任何	任何	任何	任何	任何	任何
分析員評級數目	分析員評級佔比	分析員評級變化	預測PEG(1年)	預測PEG(2年)	預測市盈率(倍)	預測市銷率(倍)
任何	任何	任何	任何	任何	任何	任何
預測市賬率(倍)	預測股息率(%)	RA+ 無基準(日線)	RA+ 無基準(周線)			
任何	任何	任何	任何			

　　4 個估值區間（市盈率、市銷率、市賬率、股息率）是重要選項，其他常用選項包括：盈利預測變動、分析員評級數目/評級佔比、離目標價上升空間、預測 PEG、核心盈利過去 3／5 年 CAGR 等。

　　截至 2020 年 3 月底為止，香港股票市場一共有大約 2500 隻股票，我們只要簡單地加一個篩選條件，例如市值高於 100 億元，揀股範圍

就會大大縮窄。當篩選條件再增加，剩下符合所有條件的股票就更少，
變相幫我們節省不少時間，讓我們可以集中火力，揀趨勢正面，又或基
本面良好的股票。

6.2/
打造每季
「恒綜強勢股」組合

　　「買股要買強勢股」，但究竟一年那麼長時間，當中不同時段又出現那麼多所謂強勢股，究竟如何選擇？買多少隻、持有多久、如何設計一個可行的入市框架？

　　研究部過去幾年都每季發表 EJFQ 恒綜強勢股策略選股，其方法極為簡單：把過去 12 個月表現最佳（以價格變幅而言）的 10 隻恒生綜合指數成份股，納入新一季的投資組合內，權重平均分配，並持有組合 3 個月；然後再以相同揀股策略重新揀選新一批的「強勢股」投資，周而復始。

　　這是一種透過動力投資法（Momentum Investing）的強勢股選股策

略，當然也不可能每年表現都能夠勝過基準，惟若以較長時間觀察，其整體表現明顯相對較優。

不過，在個別的季度，用以上的方法可以會買到一些質素較差，且未獲分析員給予評價的恒綜股份，例如在 2018 年，組合便曾持有民眾金融（00279）及藍鼎國際（00582），期間兩股大幅波動，影響回報。

2019 年初，我們嘗試在 EJFQ 恒綜強勢股的選股基礎上，再加進一些基本因素門檻，務求找到一些有較多分析員覆蓋，而估值較為合理的股份，透過系統的「精明選股」進行篩選，以 50 萬元模擬組合看看表現如何。

篩選條件：

- 過去 12 個月表現最好的恒生綜合指數成份股
- 市值 50 億元或以上
- 20 天平均成交額高於 2000 萬元
- 周線 RSI（14）> 50
- 分析員評級數目：5 個以上
- 預測市盈率區間/預測股息率區間：低於 1 標準差

為何先取過去 12 個月最大升幅恒綜成份股？恒生綜合指數於 2001

年推出，目前約 480 隻股票，涵蓋約 95% 的總市值，為覆蓋面最廣的香港市場指標。

　　至於為何是過去 12 個月，而不是過去 6 個月表現最好股份呢？買入時原來就是升勢到了盡頭，之後進入下跌周期怎辦？因為如果取 6 個月最大升幅恒綜股，可能會篩選到一些表現極好，上升斜度甚大且呈現消耗性上升，期間未有經過整固的階段，買了可能潛在風險較高。相反，12 個月表現較好的股份，很多時候會經過下跌的考驗。就好似在 2019 年第三季尾篩選出丘鈦科技（01478）作為第四季的 10 隻持股之一，丘鈦其實於 2019 年 4 月初至 5 月中經歷過相當波動的跌勢，但之後股價能夠重整旗鼓，並於第四季大升五成二，為該季組合回報貢獻不少。類似「杯柄形」（cup and handle）的上升技術形態【圖 1】，也往往可以在過去 12 個月表現最好的股份中找到。

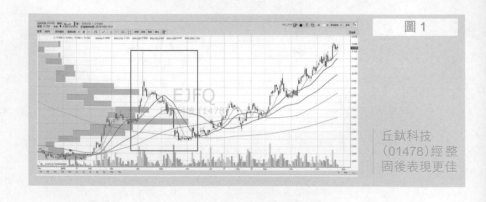

圖 1

丘鈦科技
（01478）經整
固後表現更佳

　　再者，優化的強勢股策略，從基本因素設篩選門檻，以避免誤中「妖

股」，又設有 15% 追蹤止蝕原則（Trailing Stop），若大市出現股災式急瀉，連強勢股也成為資金拋售對象，故應及時執行止蝕，避免潛在虧損失控。

2019 年就是利用了「新版」恒綜強勢股組合【圖 2】取得不俗成績，全年回報達 35.4%，大幅跑贏期內只升 9.2% 的盈富基金（02800）。

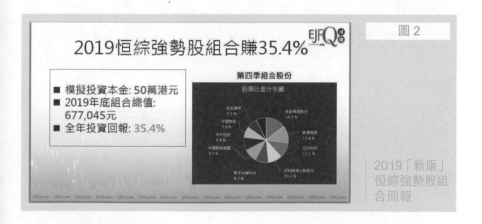

圖 2

到 2020 年，同樣的策略仍然表現出色，第二季組合升幅達三成，其中威高股份（01066）更累漲八成。不過，提醒一下，恒綜強勢股組合在風險方面不會比投資盈富基金低，因為盈富等於投資組合買入 50 隻恒生指數成份股，但恒綜強勢股組合只持有 10 隻股份。選用這強勢股投資策略之前，還要考慮本身的風險承受能力，這策略是否合適自己的風險胃納。

6.3/
即日成交比率
找出異動股

「即日成交比率」即一隻股票的即日成交股數與過去 3 個月平均每日成交股數的比率。

比率等於「1」即成交量等於過去 3 個月的日均成交，比率低於「1」即成交量少於過去 3 個月的日均成交，比率大於「1」即成交量多於過去 3 個月的日均成交。數值愈高，反映該股票當日買賣活動異常地活躍，如有股價表現和技術走勢配合，可釋放剛剛向上/下突破的訊號。

以建滔積層板（01888）於 2019 年 11 月初的走勢為例，11 月 1 日全日成交量 2028.1 萬股，「即日成交比率」達 3.54，當日一舉升穿 10 天線、20 天線和 7.4 元成交密集區頂部，其後反覆走高，至 11 月

20 日 9.54 元,見 8 個月高位。

在 EJFQ 系統中,可進入「精明選股」在「技術分析」的分類選項中,有「即日成交比率」的選股條件。

更簡易的做法,在網站上方工具列,右手邊第三選項的「異動股」中,EJFQ 系統已統計即日成交額高於 500 萬元,而且價或量有異動的股票,當中已反映「即日成交比率」當日的活躍情況。

留意「即日成交比率」如用在入場操作上,較適宜中短線甚至即日鮮買賣,不宜用在長線投資部署上。

6.4/
中短線操作：
20日新高策略

　　這裏介紹如何利用「精明選股」打造適合中短線操作的「20 日新高」策略，鎖定值博股。

「精明選股」篩選條件：

- 市值：高於 10 億元
- 20 天高低位：新高
- 即日成交比率：高於 0.5 / 或 1
- 現價高於 10 天線
- 現價低於 250 天線
- 5 天平均成交額：多於 500 萬元
- 分析員評級數目：只顯示數值

2019 年 8 月 19 日，用上述策略篩選到康哲藥業（00867），當日以裂口大成交急升，創 20 日新高，雖然尾市升幅明顯收窄，形成長上影線「倒轉錘頭」，但倒轉錘頭在底部附近出現，並不是壞事，反而應解讀為經歷一波急速下跌後，股價陷入「陰跌」狀態，成交量也萎縮，而此時突然出現了一個帶着長上影線的小燭身，正預示股價可能見到了中短期的低點，下跌行情有望逆轉，甚有機會迎來上漲行情【圖 1】。

再者，在上一個交易日即 8 月 16 日，拋物線 SAR 指標已出現轉好訊號（虛線轉為在股價之上），果然，之後兩個交易日，康哲勁升 26.9%，一舉重上 250 天線，之後更開展大升浪，主要平均線擺出「牛陣」。

圖 1

康哲藥業（00867）創 20 日新高後展升浪

我們經常強調，策略內所選用的篩選條款並不一定是最好配搭，例如「20 日新高」策略，你也可以放棄「股價低於 250 天線」的選項，不過這樣將使篩選出的股份數目大增，一些偏強並反覆尋頂的股份都不

會篩走。此外,如改為「股價升穿 250 天線」,可能會有更大發現,捕捉轉角的走勢。

利用上述微調,系統於 2019 年 12 月 13 日篩選出港交所(00388),即日以大成交配合下創出「20 日新高」,當日同時也升穿 250 天線【圖 2】。更令人信心增強的是,在之前一日即 12 月 12 日收市後,系統剛好對港交所發出勢頭能量轉強的綠燈訊號。

圖 2

港交所
(00388)
2019 年 12
月中升穿 250
天線

「20 日新高」策略其實也有點像著名的「海龜交易法」(Turtle trading),沒有給交易員留下主觀想像決策的餘地,這正好使程式化操作該系統的優勢得到發揮。

「海龜交易法」創始人是上世紀七、八十年代期貨投機商 Richard Dennis,他相信優秀的交易員是後天培養而非天生的。他在 1983 年 12 月招聘了 23 名新人,昵稱為海龜,並提供一個趨勢跟蹤交易策略培

訓，隨後給予每個新人 100 萬美元的初始資金。經 5 年的運作，大部分「海龜」的業績非常驚人，其中最好的資金達到 1.72 億美元。多年後海龜交易法則公諸於世。

海龜交易法則內容：

一、以 20 日突破為基礎的偏短線系統
  價格升穿前 20 日最高價 → 入市造好
  價格跌穿前 20 日最低價 → 入市造淡

二、以 55 日突破為基礎的較簡單的長線系統
  價格升穿前 55 日最高價 → 入市造好
  價格跌穿前 55 日最低價 → 入市造淡

另外，海龜總是在盤中突破發生時進行交易，而不會等到收市或翌日開市，而「20 日新高」策略也有利於即市操作，總括來說，這個策略適合反應敏捷的機會主義者。

6.5/
捕捉初轉
強勢個股

當遇上反覆市況，投資者傾向審慎，已長升的強勢股動力又有跡象減弱，資金反而傾向追捧初轉強勢的股票。

「初轉強勢」策略適合分段收集作中線操作，留意分析員評級及盈利預測走勢，以及公司經營改善或行業復甦情況。

「精明選股」篩選條件：

- EJFQ 勢頭轉強：1-20 日
- 20 天平均成交額：多於 1000 萬元
- RA+ 無基準（周線）：於改善方格

- 分析員評級佔比（建議買入/增持高於 60%）
- 離目標價上升空間：高於 10%

「精明選股」亦可協助設定沽出準則：

- 止賺參考：14 天 RSI（75-80）、下一個大型成交量密集區阻力
- 止蝕參考：「勢頭能量」出現轉弱的紅燈、「突破能量」連續兩日出現 3 格或以上向下紅燈

　　以平安好醫生（01833）為例在 2019 年 9 月中首次發出勢頭能量轉強的綠燈訊號，5 周回報逾 25%【圖 1】。

圖 1

平安好醫生
（01833)綠燈
後急升

6.6/
博爆升
第二棍策略

　　喜歡搵「靚圖」短炒的戰友，應該對此篇很有興趣，精神為之一振。過往我們見過當市場氣氛十分熾熱時，很多原先沉寂多時的股份，特別是細價股/小型股都會炒上，尤其是先以大成交急升，之後在成交縮減下回調整固，很多時候都有機會再度發力，作「第二棍爆升」。自問眼明手快者，其實可以預先部署。利用系統的「精明選股」，你可以快速並較有機會地鎖定「旗形整固」或「對稱三角形」等這類形態。

「精明選股」篩選條件：

- 主板
- 市值低於 100 億元

- 5 天平均成交多於 100 萬元

- 現價高於 200 天線

- 50 天高位回落最少 10%

- 3 個月股價上升 20% 以上

　用市值鎖定較小型股份，之後最重要是股價自 50 天高位（也可改用 20 天）回落最少 10%，而同時間股價在 3 個月內急升 20% 或以上，這便有機會找到你想要的走勢形態。

　意馬國際（00585）在 2018 年 3 月上旬連日急升，之後反覆回落，成交縮減，之後波幅收窄，守住 50 天線，當時用以上條款篩選到該股，在 EJFQ 實戰班亦有以該股作例子，幸運地在 5 月 14 日突然再以大成交急升，單日最多升 52%，收市計升幅亦有 29%【圖 1】。

圖 1

意馬國際（00585）「旗形整固」後爆上

　　三愛健康（01889）情況類似，6月初以大成交急升，回吐約一半升幅後橫行，到7月31日單日急升三成四【圖2】。

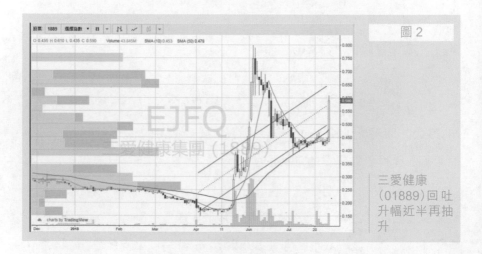

三愛健康
（01889）回吐
升幅近半再抽
升

　　這個策略當然要事先判斷市況是否有利細價股輪流炒作，而且亦需要先訂定止蝕，並嚴格執行，注碼也不宜太大，亦不適合以中長線投資為主的投資者。

6.7/
篩選值博
半新股

半新股起動快,個別話題股容易引起追逐,是不少投資者短炒選項。

EJFQ 系統講求股價走勢和市場研究覆蓋,雖然用在半新股上有所局限,但也不是無從入手。

博炒半新股「精明選股」設定選項:

「精明選股」篩選條件:

- (一般)上市日期:最近六個月
- (技術分析)即日成交比率:高於 1

結果名單就是當日的「大成交即日鮮」炒股對象。

另一組選股條件可用：

- （一般）上市日期：最近六個月
- （技術分析）1 年高低位：新高

結果名單就是當日的「創新高追入」對象，用上述方法在 2020 年 4 月 9 日收市後篩選出啟明醫療（02500）【圖 1】。

圖 1

啟明醫療
（02500）上市
兩個月後有炒
作

若要選上市相當時間、並打算作比較中線部署的目標，可用 RA+ 輪動圖。以指數為基準的日線圖，上市當日便開始有數據可以顯示；無基準日線圖最快則要兩個月左右方有數據可顯示。至於周線圖，無論有否基準，用在敏感度高的半新股上沒有意義。

　　長線方面，長線勢頭在剛上市股份中沒有效，原因之一是未有足夠數據，加上有時半新股也呈橫行狀態，隨時要上市半年或更多時間方有第一個長線勢頭。

　　相對地，FA+ 數據是較為有用的中長線部署輔助工具，特別是大中型股，甫上市便會有券商覆蓋。雖然 FA+ 未有充足數據顯示市盈率、市賬率、市銷率和股息率的區間，但已有 4 個數字的市場平均預測，足以用來和同業作估值比較。另外，市場整體評級佔比和平均目標價亦提供當下市場整體觀點。當然，作為長線投資，可多些耐性，等到最少有 5 個，甚至 10 個或以上券商覆蓋就更有把握。

6.8/
大跌市
尋白馬股

　　自金融海嘯後，全球股市慢牛往上格局已成，但遇上調整卻又狠又勁，例如 2018 年底面對中美貿易戰期間。正所謂有危便有機，加上全球央行不遺餘力救市墊底，每次大調整往往是趁低吸納，掃入優質增長股良機，但問題是何謂優質股。

　　於大跌市尤其面對經濟有可能出現衰退的情況下，要尋找屬長期績優、回報率高具有較高投資價值的所謂「白馬股」當然有竅門，就如全球新冠肺炎肆虐美股從歷史高位大冧，拖累港股由高位回落，利用 EJFQ 精明選股，在逆境時尋找白馬股。

「**白馬股**」篩選條件：

- 市值高於 100 億元
- 分析員評級數目 5 個以上
- 核心盈利增長：上年度：高於 60%；本年度：高於 0%；
  下年度：高於 30%
- 淨負債權益比率 < 0%
- 股東權益回報率高於 10%

要對抗潛在經濟衰退逆境，大企業絕對有優勢，故此「市值」選擇高於 100 億元，與此同時企業透明度高亦相當重要，為讓市場特別是大行分析員有足夠數據掌握最新情況，故在「分析員評級數目」揀選 5 個以上。

此外，要篩選白馬股，當然要從財務報表入手，在全球經濟陷入增長減慢情況，無負債的企業，不單倒閉的機會近乎零，同時更有實力向對手收購，因此用家可在「淨負債權益比率」中揀小於「0」，即代表持有淨現金，同時考慮企業賺錢效率能力愈高愈好，故在「股東權益回報率」中，選取高於 10%。

盈利方面，「核心盈利增長上年度」可揀高於 60%，意味去年增長強勁，至於「核心盈利增長本年度」則可選擇正（高於 0%），原因

是在經濟大逆風下，企業盈利亦有增長，已經是一個超卓的企業，還有在「核心盈利增長－下年度」則選高於 30%，揀選的原因是一旦經濟活動回復正常，所揀的企業能恢復強勁的增長。

綜合以上選項後，從 EJFQ 系統中，2020 年 3 月中篩選到 3 隻股份，分別是頤海國際（01579）、澳優（01717）及雅生活服務（03319），它們股價都能在 4 月明顯跑出，展開強勁升勢。

6.9/
剔走劣質
強勢股

長線勢頭威力強勁，不過燈號從來不是單一標準。強勢非萬能，有時候更加是陷阱。

典型的例子有鼎益豐（00612），2017 年 5 月底於 0.7 元水平起步，至 2018 年 10 月高見 28.35 元的上市高位，當中 2017 年 6 月初至 2018 年 5 月底的一次長線勢頭走勢，股價累飆 10.9 倍，成一路奇兵。

鼎益豐股價之後持續攀升，於 2019 年 1 月 11 日發出另一長線綠燈，但至 3 月 8 日突然遭證監勒令停牌，停牌前報 23.1 元。停牌超過 10 個月後，方於 2020 年 1 月 23 日復牌，股價裂口瀉 67.7%，報 7.45 元，此價位截至 3 月底止已屬復牌高位，高追投資者一殼眼淚【圖1】。

鼎益豐
（00612）急升
後暴瀉

所以挑選強勢股必須配合估值因素，鼎益豐於 2017 年度和 2018
年度每股資產淨值分別僅 0.037 元和 0.298 元！

另一例子是中國智能（00395），於 2018 年 3 月中旬發出綠燈，
股價先呈橫行，及至 10 月下旬大成交起動，由 0.11 元水平飆升至 12
月中旬的 1.07 元，幅度達 8.7 倍。至 2019 年 1 月 2 日，系統發出長
線紅燈，股價單日大跌三成，收報 0.63 元，之後股價反覆下行，至
2019 年 8 月中旬跌回 0.11 元水平的起步位【圖 2】。

中國智能
（00395）重回
起步點

利用「精明選股」也可以鎖定一些潛在高危股，篩選條件：

- EJFQ 勢頭轉強（綠燈股）
- 市值高於 50 億元
- 市盈率：無盈利／市盈率高於 50 倍
- 市賬率高於 5 倍
- 股息率：零

完成第一輪篩選，可多加「淨負債權益比率高於 40%」一項，進一步令高危股現形。

6.10/
業績公布前
不宜押注

　　好多投資者喜歡「炒業績」，即係公布業績前買入，博公布後市場反應正面，但這種策略贏面多大呢？

　　事實上，「劇情」發展往往不按照你的「劇本」走，華爾街有著名投資高手其中一條重要操盤法則，就是「不要嘗試預測業績公布後的市場反應」，即係「不要炒業績」。

　　沒錯，有很多公司在業績公布後急升，所以對一些「賭性」好重的散戶來說，他們一定流晒口水，總會想着：「如果畀我博中就發！」於是，不知不覺上了癮地博炒業績，就是尋找那種刺激感，「唔賭唔知運氣好」！

　　不過，一次意外足以致命，即使是中型甚至藍籌股也經常出現驚嚇場面，例如之前從沒發盈警，豈料業績公布遠比預期差，於是引發拋售，例子實在頗多，包括 2019 年 3 月放榜的華潤電力（00836）【圖 1】及中國中車（01766）。

圖 1

華潤電力
（00836）業績
後下挫

　　總之，業績公布前不宜押注，尤其是以下情況：

1. 之前未有發出盈喜／盈警，又或券商盈利預測正在下調的股份。
2. 估值本身已明顯偏高，一旦業績略為差過預期，可引發獲利沽盤，而即使符合預期，也可出現「見光死」。
3. 公司若中午收市後公布業績，下午股價作出「初步」反應，表現波動，但當日收市升跌，並不一定代表「最終反應」，還要等待公司管理層召開分析員會議後，券商報告的最新看法，故此翌日股價表現可以完全跟上日不同。

所以，最穩妥的做法是等待業績公布後才作部署，特別是待「績優股」升後整固，屆時「上車」作中線投資，勝算一般較高。

舉例說，中海油田服務（02883）於 2019 年 8 月 21 日收市後公布中期業績遠勝市場預期，股價翌日一度急漲 11%，盤中略為整固，收報 8.7 元，升 8%，全日成交大增，同時亦獲大行唱好，當中包括滙證大幅上調盈利預測，目標價亦較現價高出三成八。這類情況一般頗大機會啟示中期升勢的開始，特別是升穿水平阻力及成交量密集區，以中海油田服務上述的中期業績公布為例，股價在兩個月內升幅有 22%【圖 2】。

圖 2

中海油田服務（02883）績後急升

利用「精明選股」可以嘗試用不同選項配搭，找出值得留意的業績優異股：

- 業績公告日：如本月/上月（或只顯示數據）

- 本年度/下年度盈利預測獲上調

- 分析員評級數目 5 個以上

- 分析員評級佔比：建議買入/增持高於 80%

你亦可以配合「估值區間」、「勢頭能量」或「離目標價上升空間」，選出合你心水的股份。

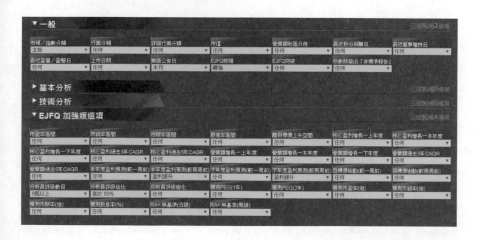

勢在
必行

活用全方位
價值趨勢信號

6.11/
股份回購中
尋績優股

　　截至 2020 年 4 月 1 日的一個月內有 58 間公司進行股份回購，期
內同時獲得董事增持的公司有 16 隻，包括：新世界發展（00017）、
希慎（00014）、建滔（00148）、波司登（03998）及寶龍地產（01238）
等。

　　不過，回購／增持都不是股價見底的訊號，投資者需要配合其他因
素，例如盈利預測是否獲得上調，以及估值區間是否真的處於歷史底
部。

252

在上述股份中，過去一個月獲分析員建議「買入/增持」的比例上升，以及明年盈利預測較過去兩周獲得上調，而預測市盈率區間、市銷率區間，以及市賬率區間均較中位數低至少 1 個標準差的就只有新世界發展。對此我們可以說，頻頻回購的公司中，新世界發展具備了分段低位收集的條件。

事實上，雖然回購反映上市公司試圖挽回市場信心，釋出對公司未來發展具信心，但公司始終要交出業績表現，維持盈利能力，才可令每股價值回升；若回購後業績仍欠佳，只會愈買愈跌。

持續回購但股價不斷反覆向下的例子不少，以截至 2020 年 4 月 6 日計算，過去一年曾經有回購及董事增持紀錄，而股價期內累積下跌 20% 以上的主板股份多達 95 隻，大市值股包括滙控（00005）、碧桂園（02007）、領展（00823）、新世界發展、復星國際（00656）、美高梅中國（02282）、中國宏橋（01378）、希慎興業等。

另外，留意回購規模，若涉及金額只佔流通市值極少比重，可能不足以增加市場信心。投資者要了解股價下跌是否因為大市氣氛欠佳，還是公司本身出現經營問題。

藉系統「精明選股」篩選值博「回購股」，「最近股份回購日」當然是「膽」，你可以自由選擇，例如最近 3 個月，其他選項可以加進一

些有關基本分析的選項，試試更換一下選項，看篩選結果有否不同，以及範圍是不是因個別選項而大為收窄。

值博「回購股」篩選參考：

- 主板
- 最近股份回購日：最近 3 個月
- 淨負債權益比率 < 40%
- 核心盈利過去 5 年 CAGR：正（高於 0%）
- 分析員評級數目 5 個以上
- 分析員評級佔比：建議「買入/增持」評級佔比高於 80%

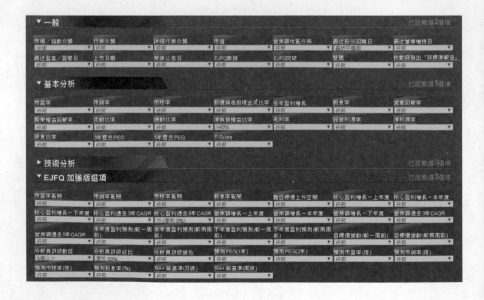

6.12/
防誤中
高息股陷阱

也許大家是時候調整心目中對高息股的定義及概念了。

通常地説，一隻股票高息，只有兩個原因，一是股價長期低迷，二是公司本身偏向派高息。

股息本身不是固定收入（Fixed income），固定收入有相對年期較長的定額回報，所謂高息股只是穩定派息，但沒有派息政策規定公司一定要派發某個水平的股息，極其量是提供防守的元素，並非進攻理由。

中電（00002）、煤氣（00003）已非穩健高息股，前者海外業務

不少，後者則估值長期偏貴，息率一直不高，但勝在長期有 10 送 1 紅股，不過這個「傳統」亦非一成不變，2020 年業績就公布就把送紅股「腰斬」為 20 送 1 了，消息觸發龐大沽壓。

大家記住股票不是債券，股息派發是沒有保證的。

截至 2020 年 3 月底止，預測息率高於 10 厘的主板股份有 43 隻，當中勢頭能量轉弱（即紅燈股）達 41 隻。

高息股焦點板塊房地產投資信託基金（REITs），截至 2020 年 3 月底本港 12 隻 REITs 中，有 8 隻於 EJFQ 系統有預測股息率，其中 4 隻有 5 個以上分析員評級，分別為越秀房託（00405）、置富（00778）、領展（00823）和冠君（02778），息率 5.03 厘至 7.63 厘，置富最高。市場平均預期本年度營業額只有領展和置富錄得增長，分別為 7.6% 和 1.9%。增長題材不算特別吸引。

那麼，我們如何正確篩選「高息股」呢？起碼要加上增長要求和市場正面看法。

「精明選股」篩選條件：

- 主板
- 核心盈利增長－下年度：高於 5%
- 營業額增長－下年度：高於 5%
- 下年度盈利預測（較兩周前）：提升
- 分析員評級數目 10 個以上
- 分析員評級佔比：買入高於 60%
- 預測股息率：高於 5%

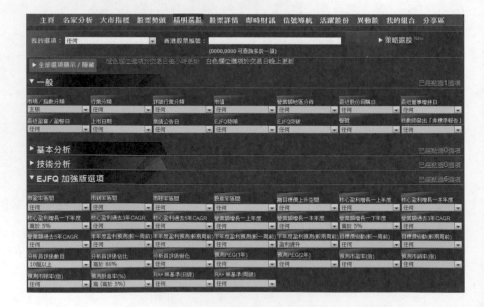

TA+

CHAPTER 7 非一般
技術分析

> 最強圖表分析，分清「趨勢」及「蟹貨」，
> 提供超過 30 個技術指標，覆蓋每日的即市分鐘
> 圖以至過去 15 年歷史圖表；交易前設定好合理
> 的風險／回報比率；更可自行畫上分析線以及記
> 錄事項，並儲存個人設定。

7.1/
成交量分布圖：
認清蟹貨區

　　我們一般習慣按交易日觀察當日的成交量（volumn），有沒有想像根據價格區域來觀察成交量，對買賣決策很有幫助呢！

　　成交量分布圖（Volume-by-Price），以水平橫向的柱狀（Histogram）形式反映各個價格區域中的成交量。在「信號圖表」的右方指標欄內，點選「VbP Select」，成交量分布情況就可以在股價走勢圖左邊顯示。

　　成交量分布圖的每一條「橫柱」（bar）代表一段價格範圍（例如 7 元至 7.5 元）內的成交量總和，當中股價下跌日的成交量會計入成交量分布圖的紅色 bar，而上升日成交量會計入綠色 bar。EJFQ 提供 4 個「橫

柱」數目設定,包括:10、15、20、25,「橫柱」愈多分布區域愈仔細。當然,線形圖及棒形圖(OHLC)同樣可以顯示成交量分布圖。

簡單來說,如現價上方「橫柱」較長,代表成交量密集區,將為股價阻力;如現價下方為成交量密集區,則為支持。股價升穿成交量密集區反映需求超出供應,利好後市走勢;相反,股價跌穿成交量密集區反映供應超出需求,不利股價。

成交量分布圖可以配合其他技術走勢應用,特別以平均線突破訊號較有把握。

以偉易達(00303)2019 年 10 月初至 11 月的走勢為例,10 月 14 日大成交抽穿 100 天線,10 天線其後升穿 100 天線,作勢突破 70 元水平成交密集區,及後借業績成功突破,股價和 10 天線一鼓作氣抽穿 250 天線【圖 1】。

圖 1

偉易達(00303)大成交抽穿 100 天線

有些因素會影響成交量分布圖的準確性，例如藥明生物（02269）於 2019 年 11 月 1 日有大手批股上板，帶來巨大成交量，而且當日股價下跌，便會令成交量分布圖於批股價附近，即 86 元至 87.5 元形成一條長紅 bar，但其實不代表有極多投資者於該水平沽貨。

只要配合「信號圖表」的「事件」按扭，選擇事件類別，便可看到股份近期動態，包括「股本集資」，以便解讀成交量密集區的形成【圖 2】。

圖 2

藥明生物（02269）「事件」解釋成交量密集原因

第二是時間，如選擇圖表時間較長，以港鐵（00066）2019 年 11 月底的 15 年周線圖為例，當時股價處小型成交量密集區，上方蟹貨稀薄【圖 3】。

圖 3

港鐵
（00066）15 年
周線圖

　　如換一張 6 個月日線圖，看到其實現價上方蟹貨不少，如作中短線操作，所用圖表時間不宜太長【圖 4】。

圖 4

港鐵
（00066）半年
日線圖

　　最後，若股份本身成交量偏少，罕見的單日相對大成交已可形成一個成交量密集區，但對股價的支持和阻力位沒有預示性，因為根本沒有多少投資者參與。

7.2/
TrendWatch
自動打造趨勢通道

TrendWatch 趨勢線展示指數或個股的上升、下降及橫行通道。通道的頂部、底部和中軸代表不同的支持/阻力位。

國企指數於 2019 年 11 月上旬起築成上升通道，11 月底稍穿通道底後回勇，一舉抽穿中軸（中間虛線）和頂部，將形成更陡峭的上升通道【圖 1】。

國企指數
TrendWatch
上升通道

圖 1

　　以九倉置業（01997）2019 年 4 月底起的走勢為例，4 月底見 61.3 元全年高位後掉頭，營造下降通道，反覆下行，至 8 月底穿下降通道底部後喘穩，12 月底反彈並穿升下降通道頂部，成功突破可扭轉下降軌【圖 2】。

九倉置業
（01997）下降
通道

圖 2

　　橫行通道例子有 2019 年下半年的恒指，呈較大波幅的橫行格局，至 12 月下旬突破橫行通道頂，即將轉勢，準備築成上升通道【圖 3】。

圖 3

恒指橫行通道

　　系統有預設 TrendWatch 參數，時期（Period）會自動設定，標準差（Deviations）為 1。用戶亦可按自己需要設定參數，時期可根據日線、周線或月線圖調整，數值愈大，顯示愈長線趨勢；如時期內波幅愈大，可調高標準差數值，一般使用範圍由 0.5 至 2。

CHAPTER 7 非一般技術分析 ■

7.3/
黃金比率
一揿即有

　　正所謂股市估市，要判斷股市平定貴，除了透過估值模型如市盈率
（P／E）、市賬率（P／B）外，亦可透過技術分析來量度，例如平均線、
MACD、相對強弱指數（RSI）、保歷加通道等等。

　　另外，量度股市反彈（回吐）的阻力（支持），一般會用黃金比率
來評估。黃金比率由十三世紀末意大利數學家 Leonardo Fibonacci 發
明，除了運用於股市外，甚至連達文西（Leonardo da Vinci）於《最後
晚餐》（Fibonacci Last Supper）等多幅名作，亦展現黃金比率的精髓。

　　Fibonacci 發現，將 1、1、2、3、5、8 等數列相加後，除以後第一
個數字，結果是愈來愈近 0.618，即黃金比率其中一個數字，如果以低

兩個數值除以高個數值，結果是愈來愈近 0.382，而 0.618 與 0.382 亦有一定關係，因為 1 - 0.618 = 0.382（1 - 0.382 = 0.618）。

通常利用黃金比率分析，會採用 0.382、0.5 和 0.618 用來推測支持和反彈阻力【圖 1】。

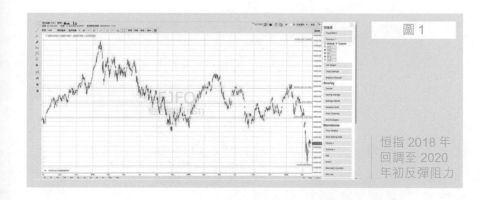

圖 1

恒指 2018 年回調至 2020 年初反彈阻力

EJFQ 系統內的「信號圖表」，右手邊的技術指標欄中按下 Fibonacci +，黃金比率就呈現在眼前。2020 年港股的一輪跌市，即 1 月 20 日高位 29174 點及 3 月 19 日 21139 點高低位起計，黃金比率反彈 0.382 為 24208 點，反彈 0.5 則為 25157 點；反彈至 0.618 則為 26105 點。有趣的是，4 月 7 日下午約 3 時 10 分剛好反彈至 24208 點，之後一度受阻回落，至當日尾段才再發力升至 24253 點收市。

7.4/
圖表工具助設
合理「風險回報比」

市況熾熱時,大家只顧追逐異動股,目標升到幾多,回報多少,沒預算過一旦走勢不似預期,自己可以要預損失幾多?

這就是買賣股票前先定好一個合理的風險回報比率(Risk／Reward Ratio)。

風險回報比率,指的是投資者做一筆交易前,對該交易願意承擔的風險(risk)與預期所得回報(reward)的比值。

長期投資者可能覺得風險回報比率對他們來說未必很有切身需要,但對於一般交易員及以中短線操作為主的散戶,入市前都需要先定好買

入位、止蝕位和止賺位。

　　舉例說，股價較早前急升至某高位然後回落，跌至一個低位後反彈，呈現陽燭，如果投資者以這個為買入點，那麼之前出現的低位就是一個重要的支持位，大可把止蝕位設在這支持位的下方，你會知道潛在的虧損幅度；相反，若把早前高位作為目標位，跟買入位的差價就是盈利的幅度【圖1】。

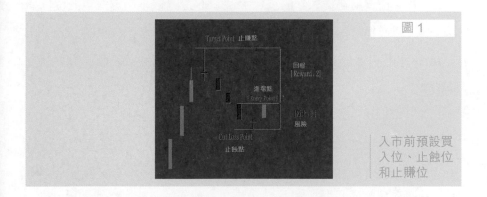

一個好的風險回報比，Risk：Reward 最少為 1：2。假設我們把 Risk：Reward（1：2）設為 1%：2%，指的是這次投資失敗時，我們將虧損 1% 投入的資金，獲利時將獲得 2% 投入的資金。所以如果我們交易 3 單，只要有一單是獲利，我們就可以把另外兩單虧損抵消。

　　對於不同類型的投資者，所定的風險回報比可能會有分別，例如較頻密買賣的短線投機（半天到三數天），止蝕不超過 3%；中線買賣（例

如兩星期到兩個月）止蝕不超過 8%；長線投資（例如 9 個月以上）止
蝕可能不超過 15%。

　　EJFQ「信號圖表」有關風險回報比的功能，在左排掣約中間位置
找到 Long position（長倉），在畫面按下即彈出兩個不同顏色的區域
及三條水平線，分別是上方的 target（目標）、中間的 closed（買入位）
及下方的 stop（止蝕），把中間線移到想買入的位置（例如現價），然
後把上方目標線移至你想訂的止賺水位，下方線移去擬定之止蝕位例如
上一個重要低位，你一邊移動着這些水平線，中間顯示的 Risk Reward
Ratio 亦即將相應計算出風險回報比率，如果達到 2，就可視為一個合
理比率了。

　　以下用贛鋒鋰業（01772）做例子【圖 2】，之前首個重要低位是
2020 年 3 月 30 日的 23.2 元，就用該位或附近水平作為止蝕位；止賺
目標定在 3 月 9 日一個尚未回補的細小下跌裂口 31.2 元，亦是重要的
「成交量密集區」蟹貨阻力，把綠色部分上端移至附近位置。定好了，
你見到你的買入位，以及潛在每股賺多少元，回報率多少百分之多少，
每股潛在虧損多少元及百分比，最重要是風險回報比，這個例子的比率
剛好是 2：1。

圖 2

贛鋒鋰業
（01772）風險
回報比

　　如果你發覺好多時炒賣都要觸及到止蝕位，就可能反映買入點有問題，例如當股價已相當超買時高追。相反，若果發現很多時股價都未能升到你的目標價，就可能反映你所定的止賺目標太進取了。

7.5/
估波指標
命中率甚高

「信號圖表」的 30 個技術指標中，有市面最基本的，也有不太常見的。當中以估波指標（Coppock indicator）較罕見，而且命中率甚高。

估波指標又稱「估波曲線」，通過計算月度價格變化速率（ROC）的加權平均值來測量市場的動量，屬於長線指標。

估波指標由 Edwin Sedgwick Coppock 於 1962 年提出，主要用於判斷牛市的到來（大市見底）。該指標用於研判大市指數較為可靠，一般較少用於個股。

傳統估波指標應用，當數值由零以下（即負數水平）喘穩，並掉頭

抽升，屬中長線買入訊號；相反，當數值由正數水平向下，跌穿零水平則為沽貨訊號。自二次大戰以來，「估波指標」先後在美股發出 17 次入市訊號，有 16 次均能準確捕捉標普 500 指數的周期底部。

日線估波指標最為敏感，但亦有參考作用，以 2020 年 3 月初起的大跌市為例，用 EJFQ 系統基本預設：WMA10（ROC14 ＋ ROC11），估波指標 2 月 27 日跌穿零，報 -0.1484，之後持續向下，至 3 月 23 日低見 -28.2842，期內（以收市價計）恒指累瀉 5082 點（19%）。此後，估波指標數值持續回升，3 月 27 日彈至 -22.3753，期內恒指彈升 1788 點（8.2%）【圖 1】。

圖 1

恒指日線估波指標

周線和月線的應用亦相近，先以 4 年期周線圖為例，EJFQ 系統基本預設的估波指標數值在 2018 年 10 月 22 日當周，低見 -17.1828，之後持續向上，至 2019 年 4 月 8 日升至 23.1620，期內恒指（以當周最

後交易日收市價計）由 24717 點升至 29909 點，累飆 5192 點（21%），
這是走勢最明顯的例子【圖 2】。

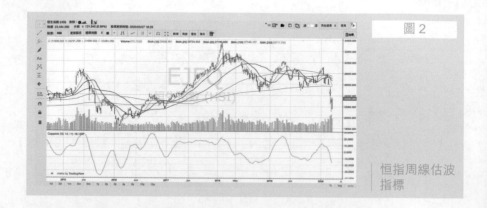

圖 2

恒指周線估波
指標

　　　月線圖方面，近年比較明顯的買入訊號出現在 2016 年 6 月，當時
估波指標數值由 -35.6501，上升至 2018 年 2 月的 60.1276，期內恒指
由 20794 點升至 30884 點，在這個 20 個月的升浪中，飆升 10090 點
（48.5%）【圖 3】。

圖 3

恒指月線估波
指標

　　概括而言，活用估波指標，除有助於單邊市中捉短線頂或底，發上長線訊號（特別是月線級別）時，潛在空間（無論是升跌幅）相當可觀。

CHAPTER 8 養成紀律
輸粒糖贏間廠

> 有自省力，無執行力，到頭來又是功虧一簣！放下身段，懂得欣賞別人長處，找對拍檔就成功了 90%！養成止蝕紀律，輸粒糖，贏間廠！世上沒有水晶球，也沒完美的系統，「智慧就是適應變化的能力」。

8.1/
提升執行力
真正無敵

「講就天下無敵，做就有心無力！」

你有沒有聽過，一個成功的投資者，三成靠的是策略，另外七成靠的是執行力。

其實你可能讀過很多投資書或者關於「成功學」的書，但一直未感覺到接近成功，投資股票多年，成績仍然不理想。問題就是你有自省力，卻欠缺執行力！所以這本書最後部分也很重要，就是一切在乎執行力。

一、勿找藉口
嘗試新方法吧！但你必須坐言起行，否則，什麼目標都不會實現。

你是否經常埋怨自己「黑仔」不夠運氣，所以總是輸多贏少，這其實是找藉口啊！你有認真地試用新的選股方法嗎？還是根本沒有參考過系統訊號，甚至說：「或者今次你個系統唔準呢？」不改變態度，你的執行力是無法得到提升的。

二、設定限期

如果你有一個目標要達成，它應有一個時間限制，否則只會一直拖下去不去執行，所以，逼自己在限期前做點事是很好的執行力鍛煉，例如：何不好好把握 14 天免費試用期限，認真感受一下系統的功能呢？

三、管理預期

目標不要定太遠，否則，今天開始和明天開始並沒有什麼分別，沒有動力去督促自己執行任務。先把目標定低些或較可行，當你見到成績（即使只是少少）時，就會有動力繼續下去。

四、持續跟進

如果能夠在做一件事情的時候持續跟進，一鼓作氣，會表現出更強執行力。你可以把篩選出來的心水股，放進「我的組合」內作模擬投資，兩個星期、1 個月或者一個季度作組合檢討，一直跟進，你可能會發現更多優化回報的方法。

8.2/
認清投資情緒
周期抗AI

　　股票市場功能不單為企業在籌集資金，壯大現有業務，由於股市流通性強，尤其步入互聯網年代，面對程式盤以至人工智能（AI）代勞「追、揸、沽」，決策效率愈來愈快，股市就成為人類在現代金融市場的情緒指標。

　　投資情緒周期變化會引致一般投資者容易犯上錯誤多項錯誤【圖1】。就正如投資者由懷疑出現牛市初期，轉到市場氣氛樂觀，更進一步提升到興奮，再攀至極度興奮階段，散戶心態應該要壓抑買入衝動，千萬別要心雄，最忌是眼紅左鄰右里都賺錢，應該趕快加入。

　　極度興奮過後，股市往往重回現實，股價回歸基本值，令持貨者焦慮、拒絕接受，繼而出現害怕、投降甚至是沮喪。當面對拒絕接受的情

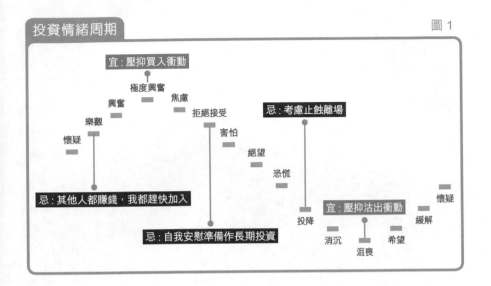

景時,首先是不要以自我安慰以長線投資的心態面對;處投降心態時,亦不應考慮止蝕離場;面對沮喪的處境時,應要壓抑沽出衝動,等待反彈浪的重臨。

上述為投資市場的大道理,要逃出心魔避開陷阱,確實「説易行難」,尤其 2020 年 2 月全球股市受新冠肺炎爆發影響,加上全球央行合力救市,熱錢泛濫銀紙貶值,扭曲過往金融市場秩序,令股市波動情況大增。

EJFQ 正是幫大家跳出情緒陷阱,系統透過統計市場數據,利用客觀可靠的系統,正確解讀市場情緒,幫助投資者尋找每個買入或沽出的機會。

8.3/
建立系統
養成止蝕紀律

　　投降，承認失敗是一件很痛苦的事。但若果有一天你能夠以正向的思維去面對「挫敗」，其實不單不代表失敗，反而是你正提升到更高層次，值得恭喜！

　　請不要總是記住止蝕後「痛苦」的經驗──沽出後不久股價就來個大反彈，若不止蝕，反而不用輸錢！這些經驗會動搖你對止蝕的看法，甚至最終放棄這個決定長期成敗的重要原則啊！

　　相反，你有常常回憶起止蝕後股價持續尋底的「成功」例子嗎？你應該為自己當時作出明智決定「點讚」，懂得感恩才是。不是嗎？有不少股票是不會讓你有止蝕機會的，別說「老千股」了，即使眾人認

為經營上依然穩如泰山的「大笨象」，又或者是以為跌到多殘的石油 ETF，一樣可以跳崖式裂口下跌，還說什麼止蝕啊！所以，若果你過去能在很多股票上成功及早止蝕，可以讓你仍然保留相當的本錢和實力，為下一次的成功創造有利條件。

「勢在必行」，一旦弱勢已成，你還眷戀什麼呢？從 EJFQ 系統發出的勢頭能量轉弱的紅燈訊號，你就知道不止蝕的可怕。

滙豐控股（00005）在 2020 年 1 月 23 日發出勢頭轉弱的紅燈訊號，若不止蝕，截至 6 月 12 日已累積 36.7% 跌幅！

中國聯通（00762）在 2019 年 10 月 29 日發出轉弱紅燈訊號，截至 2020 年 6 月 12 日，這個紅燈維持了 7 個半月，期內股價蒸發 45%。

大家樂（00341）在 2019 年 9 月 26 日發出轉弱紅燈，截至 2020 年 4 月 24 日已維持了 143 個交易日，轉燈後累積下挫 31%。

失敗是成功必經的過程，也是必要的投資；止蝕亦是投資路上的一部分。

失敗並不可怕，真正可怕的是失敗的心態。每場比賽、每段戀愛、

每次轉工，都可能製造出無數次失敗。失敗後便放棄，甚至一蹶不振，這才是最可怕的。一個人如何面對失敗，可以看出他未來成功的機會有多大。

沒有挫折的人生，就不是人生！懂得「認輸」的人，未來才會成功。所以心態方面的鞏固，就是如何養成止蝕紀律的關鍵。

最著名的投機者索羅斯（George Sores）曾說：「It's not whether you're right or wrong that's important, but how much money you make when you're right and how much you lose when you're wrong.」

的確，錯了就是錯了，重要的是控制你的損失。

一樣的失敗，不一樣的投資人生，一切都看你自己。

8.4/
加碼緊記
「溝上唔溝落」

「細細注大大聲」係幾過癮，但投資股票總想贏得多，機會到來就要把握，適時加大注碼，提高潛在回報。

不少炒股高手認為，一般來說，他們買第一注時，注碼一定不會細，因為他們認為贏面較大、看準機會的時候出擊，沒理由還是細細注，相反應該「快狠準」，其中的「狠」就是注碼夠大，根本不用分散注碼買。

但現實中，不是人人都有這種嗜血狼狼的個性；相反，在股票市場上，時刻步步為營，作風穩健絕對不是壞事，分注買，試探式下注都很正常，至於什麼時候可以加大注碼，可以參考以下 3 項建議：

一、「溝上唔溝落」是大原則,換言之,開始確認強勢之時,就是加注時候;絕不可以「拗頸」地愈跌愈買,甚至見股價急跌時「空手接刀」,避免在周線輪動圖轉入「落後」方格時做這類危險動作。

二、對於一些估值低殘(參考估值區間圖)的弱勢股,若果是具有往績的藍籌股或行業龍頭,當你審視過基本面特別是財務狀況健康,先作定期定額例如月供形式去買是個合理的選擇,當確認大市熊去牛來,你持有的股票亦重新出現勢頭能量轉強的綠燈訊號時,便可考慮加注。

三、對於圖表派戰友,若果見個股以大成交升穿視為蟹貨阻力的「成交量密集區」,不妨跟進。類似的情況是一些股票本來正營造圓頂回落,突然單日以大成交配合下大幅上升,並蓄勢超越圓頂水平,可能是有特大利好消息配合,後向仍有較大機會反覆向好。「精明選股」的「20 日高位」及「即日成交比率」等選項可以幫到手。

8.5/
沒有最好
只有最啱

　　曹仁超（曹 Sir）為 2011 年 12 月信報出版的《投資導航 III 牛熊周期心戰篇》一書撰寫序言，最後一段他是這樣寫的：

　　「世上沒有百分百準確的分析法，最後決定成敗亦因人而異，例如學武功者可以出一個李小龍，但同時產生大量『二六打』，雖然世上沒有一套完美的分析工具（EJFQ 亦不例外），不過學過武功的人應較普通人善戰！多點功夫傍身總是好的。」

　　是的，我們不應該去神化一個交易系統，若果你見到坊間標榜什麼「最強」、「近乎完美」的交易系統／軟件，又或某人聲稱賺到過億身家，教大家如何炒賣致富，你絕對要小心看待，因為這些更多出於推銷的目

的，故意誇大產品性能。

總之，世上沒有東西是完美的，正如偉大的已故物理學家霍金（Stephen Hawking）曾説： One of the Basic Rules of the Universe is that Nothing Is Perfect.。

EJFQ 全方位股票分析系統，主要作用是幫助投資者判別價格的趨勢，以及提供客觀的基本分析數據，為交易決策提供交易的策略方向，它不會直接提供買賣訊號及具體價位，重點是幫你用較短時間捕捉市場機會，因為一般投資者不知道時間應該值得花在哪裏？

以下 4 點你需要知道：

一、同樣的交易系統不同的人使用，交易結果一定不一樣，有人賺，有人蝕，關鍵在於使用者的運用能力，始終需要適當的靈活性，獲利的關鍵往往就是應變能力。霍金説：「智慧就是適應變化的能力。」（Intelligence is the ability to adapt to change）所以，在使用任何分析系統或交易系統之前，千萬不要盲目樂觀，系統只能幫你解決部分難題，而不是全部。

二、正確認識你自己，認清自己適合短線交易還是中長線的趨勢交易。由於不同投資者在性格、操作的時間框架均不一樣，所以系統

不同的功能優勢需要由用戶自行探索，系統也會適當地為他們作出指引。

三、不要只把系統看作是一個預測系統，世上沒有水晶球，反而一個好的系統應顧及風險管理、在訊號正確的情況下，盡可能擴大盈利；在訊號「誤鳴」時，可以讓你及時止蝕退出，這才是完整的股票系統。

四、一個好的系統應持續地因應市場需要而進行功能優化，聆聽用戶的使用經驗，並迅速作出反應。

8.6/
跳出你的
舒適區

「我是這樣啊，做番自己最舒服，不用怎樣改變。」

　　全美投資冠軍，有「股票魔法師」之稱的 Mark Minervini（米奈爾維尼）卻有一個極具啟發性的見解。他説，生活中似乎有一個普遍的真理，他稱之為 CLUM 原則：舒適（Comfortable）意味着更少（Less），而不舒服（Uncomfortabe）則意味着更多（More）。跳出舒適區（comfort zone）並不代表冒險，而是你必須放開自己，做一些開始時可能會感到不自然或有違直覺的事情。

　　不用擔心，你不必直接從安全和熟悉的方向跳到那些感覺完全不可能的區域，就好像你不必在學習游泳時就要去墨西哥跳下阿卡普高

（Acapulco）懸崖開始潛水一樣。

我們遇過一些忠實讀者，他們也很了解各式各樣的投資策略，但始終覺得買賣強勢股是高風險動作，不合他們。可是，他們近幾年的投資卻大幅跑輸大市，本來不要緊的，但他們原本認為穩健的股票，卻因為買入時機不好，以及出現一些不利的外部，甚至是公司內部因素，令投資錄得一定的賬面虧損，當然不是味兒，他們唯一可以做的，就是耐心持有等待回升，每次反彈浪為他們帶來希望，可是之後卻反覆尋底，是不是世界變了，甚至開始懷疑人生。

CLUM 原則不是要你即時作出 180 度的改變，長期投資傳統收息股，不可能一下子要你去短炒輪證，股神畢非德投資科網股也經歷一個過程，不斷檢討及優化策略。

這是一個隨着時間的推移逐步獲得熟練和舒適度，並擴大你的舒適區的過程。

通過實踐，好的事情正在慢慢到來；跳出你的舒適區，享受精采的人生！

8.7/
建立團隊
發揮槓桿

一個人分析，易過分自信、鑽牛角尖。

多個人理性討論，平衡一下意見，停一停，諗一諗，方可作出合理決定，不走偏激極端，合乎中庸之道。所以，組織團隊，就能事半功倍，槓桿你的時間。

問題是，你如何找到可以幫到你的人，因為找對人就成功了90%！

首先要懂得欣賞別人的長處，勿處處覺得人家這個不行，那個不是。再看看自己欠缺什麼，例如覺得弱項在數據分析，就找到這方面強

的人；覺得自己欠缺科技發展觸覺，就找對這方面強的人。

當然，你揀人，人揀你，你也要拿出點本事。

你不妨考慮把 EJFQ 系統、信報分析團隊作為你的團隊成員，活用
EJFQ 之後，就成為你其中一個強項，更加吸納有能之士，加入你的團
隊，齊齊在市場發掘投資機會。

我們定期會在可以容納過百人的信報會議廳，舉辦投資實戰班及講
座，很多用戶由原本互不相識，最後成為投資路上的好友，一同在系統
平台上進步，實在是件美事。

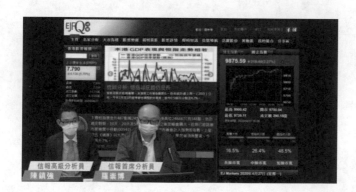